北大版对外汉语教材·短期培训系列

速成汉语基础教程

Speed-up Chinese

主编 杨惠元

· 会话课本 ·
Speaking Book

4

北京大学出版社
PEKING UNIVERSITY PRESS

图书在版编目(CIP)数据

速成汉语基础教程. 会话课本.4/杨惠元主编. —北京：北京大学出版社，2012.4
（北大版对外汉语教材·短期培训系列）

ISBN 978-7-301-20378-1

I. 速… II. 杨… III. 汉语—口语—对外汉语教学—教材 IV. H195.4

中国版本图书馆 CIP 数据核字（2012）第 036546 号

书　　　名：	**速成汉语基础教程·会话课本　4**
著作责任者：	杨惠元　主编
责 任 编 辑：	沈　岚
标 准 书 号：	ISBN 978-7-301-20378-1/H·3026
出 版 发 行：	北京大学出版社
地　　　址：	北京市海淀区成府路205号　100871
网　　　址：	http://www.pup.cn
电　　　话：	邮购部 62752015　发行部 62750672　编辑部 62767349　出版部 62754962
电 子 邮 箱：	zpup@pup.pku.edu.cn
印　刷　者：	北京大学印刷厂
经　销　者：	新华书店
	787毫米×1092毫米　16开本　10印张　240千字
	2012年4月第1版　2012年4月第1次印刷
印　　　数：	0001—3000册
定　　　价：	36.00元（附MP3盘1张）

未经许可，不得以任何方式复制或抄袭本书之部分或全部内容。
版权所有，侵权必究　　举报电话：010-62752024
　　　　　　　　　　　　电子邮箱：fd@pup.pku.edu.cn

前　言

《速成汉语基础教程·会话课本》是《速成汉语基础教程·综合课本》的配套教材，亦可单独使用，教学对象为零起点的或略有汉语基础的初级水平的短期学生。全套共4册，每册10课。

本教材是训练和提高学生口头表达能力的专项技能训练教材。编写这套教材，我们吸收了有关汉语速成教学和听说训练的前沿理论研究成果，并且将其作为指导思想贯彻到了教材编写的每一个环节中。

按照最新的教材编写理念，科学的教材应该是一套"精心编写的练习集"，"练习是教材的主体"。因为是配套教材，本书只出少量生词，基本不出现新的语法点，所以，不需要教师过多地讲解，教师的主要职责是指导学生练习。"练习成为教材的主体"是本套教材最大的特色。

第二语言教学的根本目的，是提高学生使用目的语在一定范围内进行交际的能力。为此，学生必须完成"从语言知识到语言技能"和"从语言技能到语言交际技能"的两次转化。这里的关键是建立目的语的思维系统。为了训练学生的思维能力，开发他们的语言潜能，本套教材的课文都采用更具挑战力的"未完成式"，使学生从被动地接受转变到主动地实践、主动地交际，真正成为学习的主人。

同时，我们认为，只有实行"强化＋科学化"的训练，才能提高训练的效果，达到速成教学的目标。所谓"强化"，就是进行大运动量的训练：一是在单位时间里给学生输入大量的语言信息，二是在单位时间里提高语言信息输入和输出的次数。所谓"科学化"，就是训练要在先进教学法理论指导下进行，强化要恰到好处，训练要讲究效果。

教师使用本套教材时，最好先熟悉主干教材《速成汉语基础教程·综合课本》的内容，要了解学生的"已知"，了解这一课是配合综合课的哪一课或哪几课。在教学中，如果能够先安排一个回忆、复习综合课的环节，训练效果会更为理想。

　　整个教材按照任务式教学法的路子进行编排，每课由生词、模仿、综合练习和课后练习四个部分组成。生词部分帮助学生掌握表达需要的生词、短语或句子。模仿部分先从综合课教材中选择三四个典型的语段，再按照这些语段的结构补充一个例证，作为功能会话的范本，供学生模仿。综合练习部分在模仿的基础上设计了完成会话、成段表达等练习，学生在完成这些交际任务的过程中，巩固知识、提高能力。课后练习有口头的，也有笔头的，是课堂教学的延伸，帮助学生复习巩固当课的重点。为突出听说训练，方便不识汉字的学生，全书的模仿、综合练习和课后练习都配有汉语拼音。

　　尽管我们做了比较大的努力，但由于水平有限，教材中可能还有很多不尽如人意的地方，希望老师们在使用的时候能够"扬长补短"，根据教学的实际情况灵活地处理它、完善它。

杨惠元

Foreword

Speed-up Chinese: Speaking Books are supplementary textbooks of *Speed-up Chinese: An Integrated Textbooks*. They also can be used independently. They are designed for the beginners in short-term study programs. They are in four volumes, with each volume containing 10 lessons.

As a set of textbooks for special training, this set of textbooks aims to train and improve students' abilities of speaking and expressing. We adopt the latest theories of accelerative Chinese teaching and listening and speaking training methods as the guideline in the process of compiling this set of textbooks.

The most significant feature of this set of books is that it is exercise-based. According to the latest textbook compiling principles, an effective textbook should be a carefully compiled series of exercises, namely "the exercises should be the main parts of the textbook". As supplementary textbooks, this book does not introduce any new grammar, although there are some new words in it. Using this textbook in the class, the teacher should take his main responsibility to guide the students to do exercises instead of giving lectures too much.

The essential aim of second language teaching is to improve students' communicating ability in the target language to some extent. To achieve this goal, student should not only learn language knowledge, but train language skills, and also participate in communication as well. In this process, the most important thing is to build a thinking system based on the target language. In order to train students' thinking ability and develop their potentialities in language, we use the challenging unfinished materials in these textbooks, which can help the students to take part in communicating practices actively, instead of receiving knowledge passively.

We believe that only by taking the principle of "reinforcement and scientification" in the practice can we enhance the effect of drills and achieve the objectives of accelerative teaching. "Reinforcement" means that in a unit of time we must input massive language information to the students as much as possible through a large amount of drills. "Scientification" implies that the drills must be guided by the methodology of teaching so that the principle of "reinforcement" can be appropriately carried out.

Before using these textbooks in the class, the teacher had better have a thorough knowledge of the content of the main textbook *Speed-up Chinese: An Integrated Textbook*, the students' "have known" and the corresponding relationship between the lessons of the comprehensive textbook and that of the speaking textbook. An activity of recalling and reviewing the corresponding comprehensive lessons before the speaking lessons will lead to a better effect.

This whole book is compiled according to the task-based teaching approach, with the following four parts in every lesson—*New Words*, *Imitation Drills*, *Comprehensive Exercises* and *After-class Exercises*. *New Words* explains new words, expressions and sentences for the students; *Imitation Drills* provides three to four utterances picked from the corresponding comprehensive lessons as samples, so that the students can know the conversation structures and imitate them; *Comprehensive Exercises*, such as "complete the conversation", "speak in paragraphs", can help the students to enhance their knowledge and abilities; *After-class Exercises*, including oral and writing exercises, are the extension of classroom teaching so that it can help to strengthen the key points of the lesson in students' mind. All the parts except *New Words* in this series are noted with *pinyin* for the convenience of the illiterate students.

No textbook is perfect. These textbooks should be used in a flexible way so that their advantages can be developed and the disadvantages can be made up for.

Yang Huiyuan

CONTENTS 目录

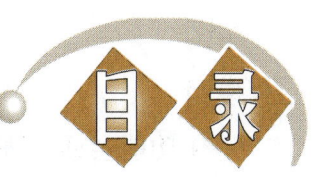

第一课　在商店 ·· 1

一　生词

二　模仿

　　（一）功能会话：买东西／询问产地／挑选

　　（二）功能会话：买衣料／征求意见／提出建议

　　（三）功能会话：买电子产品／征求意见／提出建议

　　（四）功能会话：讨价还价

三　综合练习

四　课后练习

第二课　爱好和经历 ·· 17

一　生词

二　模仿

　　（一）功能会话：谈爱好

　　（二）功能会话：谈经历（1）

　　（三）功能会话：谈经历（2）

　　（四）功能会话：谈经历（3）

　　（五）功能会话：谈打算／建议

三　综合练习

四　课后练习

第三课　劝阻和警告　　　　　　　　　　　　　　　　31

一　生词
二　模仿
 （一）功能会话：强调时间、地点
 （二）功能会话：生气、质问
 （三）功能会话：劝阻
 （四）功能会话：警告
三　综合练习
四　课后练习

第四课　在饭店　　　　　　　　　　　　　　　　　　45

一　生词
二　模仿
 （一）功能会话：邀请（1）
 （二）功能会话：邀请（2）
 （三）功能会话：点菜（1）
 （四）功能会话：点菜（2）
 （五）功能会话：结账
三　综合练习
四　课后练习

第五课　参观新居　　　　　　　　　　　　　　　　　59

一　生词
二　模仿
 （一）功能会话：参观新居（1）
 （二）功能会话：参观新居（2）
 （三）功能会话：招待客人
 （四）功能会话：告别／送客

三　综合练习
　四　课后练习

第六课　问路 —————————————— 73

　一　生词
　二　模仿
　　（一）功能会话：问路（1）
　　（二）功能会话：问路（2）
　　（三）功能会话：看地图，问路
　　（四）功能会话：提醒
　三　综合练习
　四　课后练习

第七课　理发 —————————————— 87

　一　生词
　二　模仿
　　（一）功能会话：理发 / 询问样式
　　（二）功能会话：理发 / 表示满意
　　（三）功能会话：理发 / 赞美
　三　综合练习
　四　课后练习

第八课　我的朋友 ———————————— 101

　一　生词
　二　模仿
　　（一）功能项目：谈相识
　　（二）功能项目：谈相貌
　　（三）功能项目：谈爱好

(四)功能项目：谈交往

三　综合练习

四　课后练习

第九课　喜欢上网 ………………………………………… 113

一　生词

二　模仿

(一)功能项目：谈上网

(二)功能项目：谈下载

(三)功能项目：谈玩儿游戏

(四)功能项目：谈收发邮件

三　综合练习

四　课后练习

第十课　告别 ……………………………………………… 125

一　生词

二　模仿

(一)功能项目：谈旅行经过

(二)功能项目：谈参观景点（1）

(三)功能项目：谈参观景点（2）

(四)功能项目：告别

(五)功能项目：送行

三　综合练习

四　课后练习

词汇总表 ……………………………………………………… 144

第一课

在商店

一 生词

1. 夹克衫	名	jiákèshān	jacket
2. 旗袍	名	qípáo	qipao
3. 样式	名	yàngshì	style
4. 流行	动、形	liúxíng	to be popular; prevalent
5. 数码相机		shùmǎ xiàngjī	digital camera
6. 佳能		Jiā néng	Canon
7. 型号	名	xínghào	model, type
8. 稳定	形	wěndìng	stable
9. 内存	名	nèicún	internal memory
10. 牛仔裤	名	niúzǎikù	jeans
11. 幸运	形	xìngyùn	lucky, fortunate
12. 顾客	名	gùkè	customer, client
13. 成为	动	chéngwéi	to become
14. 忽然	副	hūrán	suddenly

（一）熟读短语和句子

| 夹克衫 | 一件~　买一件~　洗~　这种~样子不错 |

| 旗袍 | 一件~　做一件~　一件丝绸~　这种样式的~ |

| 样式 | 这种~　那种~　流行的~　很多种~
你穿这种~旗袍很合适。 |

| 流行 | 很~　今年~什么　~这种颜色　~这种样子　~性感冒 |

| 数码相机 | 一台~　买一台~　新~　佳能牌~
你买什么牌子的~？ |

| 型号 | 这种~　那种~　哪种~　A560~的数码相机 |

| 稳定 | 质量~　性能~　物价~ |

| 内存 | 一个G的~　两个G的~　32MB的~　64MB的~
128MB的~　你要多大~的优盘？ |

牛仔裤	一条~　买一条~　这~多少钱一条?
幸运	很~　我很~。　~的顾客　谁是~的顾客? 你是今天最~的顾客。
成为	~教师　~工程师　~艺术家　~汉学家 ~幸运的顾客　我想~最幸运的顾客。
忽然	~刮风了　~下雨了　~想起来　他~病了。
经过	~这个城市　~讨论　~讨价还价　事情的~
改变	~方法　~主意　~想法　~方向　~计划

 模仿

(一) 功能会话: 买东西 / 询问产地 / 挑选

1. A: 那些丝绸是哪儿生产的?
   B: 都是苏州的名牌产品。
   A: 拿下来看看可以吗?

第一课　在商店

B：您要哪种颜色的？
A：最上边的那种。

❷ A：这种夹克衫样子不错，哪儿生产的？
B：南京生产的。
A：拿一件试试可以吗？
B：您要多大的？
A：大号的。

❸ A：这种_____哪儿生产的？
B：_____。
A：_____行吗？
B：您要_____的？
A：_____。

 **拼音** Pīnyīn

❶ A：Nàxiē sīchóu shì nar shēngchǎn de?
B：Dōu shì Sūzhōu de míngpái chǎnpǐn.
A：Ná xiàlai kànkan kěyǐ ma?
B：Nín yào nǎ zhǒng yánsè de?
A：Zuì shàngbian de nà zhǒng.

❷ A：Zhè zhǒng jiákèshān yàngzi búcuò. Nǎr shēngchǎn de?
B：Nánjīng shēngchǎn de.
A：Ná yí jiàn shìshi kěyǐ ma?

5

B：Nín yào duō dà de?

A：Dà hào de.

❸ A：Zhè zhǒng_____nar shēngchǎn de?

B：_____.

A：_____xíng ma?

B：Nín yào_____de?

A：_____.

（二）功能会话：买衣料／征求意见／提出建议

❶ A：先生，买什么？

B：我想做一套布的中山装。你看，我穿这种颜色的怎么样？

A：这种颜色对你相当合适。做出来的中山装穿在你身上一定很漂亮。

B：那么就买这种吧。我买三米。

A：你做一套中山装两米四就够了，买多了浪费。

B：你的服务态度真好，谢谢。

❷ A：小姐，做什么衣服？

B：我要做一件旗袍。你看，我穿这种样式的怎么样？

A：这种样式对你不太合适，你穿那种样式一定很不错。

B：那么就做那种样式的吧。我要这种颜色的。

A：好，这种颜色很流行，买的人很多。

B：你的服务态度真不错，谢谢你。

❸ A：_____，你_____？

B：我要做一_____，你看，_____怎么样？

A：这种_____。

B：那么_____。

A：这种_____。

B：你的服务态度真好，谢谢。

拼音 Pīnyīn

❶ A：Xiānsheng, mǎi shénme?

B：Wǒ xiǎng zuò yí tào bù de zhōngshānzhuāng. Nǐ kàn, wǒ chuān zhè zhǒng yánsè de zěnmeyàng?

A：Zhè zhǒng yánsè duì nǐ xiāngdāng héshì. Zuò chūlai de zhōngshānzhuāng chuān zài nǐ shēn shàng yídìng hěn piàoliang.

B：Nàme jiù mǎi zhè zhǒng ba. Wǒ mǎi sān mǐ.

A：Nǐ zuò yí tào zhōngshānzhuāng liǎng mǐ sì jiù gòu le, mǎiduō le làngfèi.

B：Nǐ de fúwù tàidù zhēn hǎo, xièxie.

❷ A：Xiǎojiě, zuò shénme yīfu?

B：Wǒ yào zuò yí jiàn qípáo. Nǐ kàn, wǒ chuān zhè zhǒng yàngshì de zěnmeyàng?

A：Zhè zhǒng yàngshì duì nǐ bú tài héshì. Nǐ chuān nà zhǒng yàngshì yídìng hěn búcuò.

B：Nàme jiù zuò nàzhǒng yàngshì de ba. Wǒ yào zhè zhǒng yánsè de.

A：Hǎo, zhè zhǒng yánsè hěn liúxíng, mǎi de rén hěn duō.

B：Nǐ de fúwù tàidù zhēn búcuò, xièxie nǐ.

❸ A：_____, nǐ_____?

B：Wǒ yào zuò yī _____, nǐ kàn, _____ zěnmeyàng?

A：Zhè zhǒng_____.

B：Nàme＿＿＿＿＿＿＿．

A：Zhè zhǒng＿＿＿＿＿．

B：Nǐ de fúwù tàidù zhēn hǎo，xièxie.

（三）功能会话：买电子产品 / 征求意见 / 提出建议

❶ A：小姐，你买什么？
B：我想看看数码相机。
A：你要什么牌子的？
B：哪种牌子的质量好？
A：你看，这种佳能A560型（号）
的质量稳定，卖得很好。

❷ A：先生，过来看看。您买什么？
B：我想买个优盘。
A：你要多大内存的？
B：两个G的。哪种型号的好？
A：这种U220型（号）的质量不
错，买的人很多。

❸ A：＿＿＿＿＿＿，你买什么？
B：我想＿＿＿＿＿＿。
A：你要＿＿＿＿＿＿的？
B：哪种＿＿＿＿＿＿？
A：这种＿＿＿＿＿＿。

拼音 Pīnyīn

① A：Xiǎojiě, nǐ mǎi shénme?
   B：Wǒ xiǎng kànkan shùmǎ xiàngjī.
   A：Nǐ yào shénme páizi de?
   B：Nǎ zhǒng páizi de zhìliàng hǎo?
   A：Nǐ kàn, zhè zhǒng Jiānéng A 560 xíng(hào) de zhìliàng wěndìng, mài de hěn hǎo.

② A：Xiānsheng, guòlái kànkan. Nín mǎi shénme?
   B：Wǒ xiǎng mǎi ge yōupán.
   A：Nǐ yào duō dà nèicún de?
   B：Liǎng ge G de. Nǎ zhǒng xínghào de hǎo?
   A：Zhè zhǒng U 220 xíng(hào) de zhìliàng búcuò, mǎi de rén hěn duō.

③ A：＿＿＿＿＿＿＿, Nǐ mǎi shénme?
   B：Wǒ xiǎng＿＿＿＿＿＿＿.
   A：Nǐ yào＿＿＿＿＿＿＿de?
   B：Nǎ zhǒng＿＿＿＿＿＿＿?
   A：Zhè zhǒng＿＿＿＿＿＿＿.

（四）功能会话：讨价还价

① A：这种丝绸多少钱一米？
   B：59块5毛。
   A：太贵了。别的商店才卖45一米。
   B：便宜没好货，好货不便宜。
   A：50块一米，行不行？
   B：我们商店，不讨价还价。

❷ A：这牛仔裤多少钱一条？

B：138块。

A：太贵了。别的商店才卖80一条。

B：便宜没好货，好货不便宜。

A：100块一条，怎么样？

B：这已经是最低价了，不能再便宜了。

❸ A：这_____多少钱一_____？

B：_____。

A：太贵了。别的_____。

B：便宜没好货，好货不便宜。

A：_____，行不行？

B：_____。

拼音 Pīnyīn

❶ A：Zhè zhǒng sīchóu duōshao qián yì mǐ?

B：wǔshíjiǔ kuài wǔ máo.

A：Tài guì le. Bié de shāngdiàn cái mài 45 yì mǐ.

B：Piányi méi hǎo huò, hǎo huò bù piányi.

A：wǔshí kuài yì mǐ, xíng bu xíng?

B：Wǒmen shāngdiàn bù tǎo jià huán jià.

❷ A：Zhè niúzǎikù duōshao qián yì tiáo?

B：yī bǎi sān shí bā kuài.

A：Tài guì le. Bié de shāngdiàn cái mài bāshí yì tiáo.

B：Piányi méi hǎo huò, hǎo huò bù piányi.

A：yī bǎi kuài yì tiáo, zěnmeyàng?

B：Zhè yǐjīng shì zuì dī jià le, bù néng zài piányi le.

3 A：Zhè_____duōshao qián yì_____?

B：_____.

A：Tài guì le. Bié de _____.

B：Piányi méi hǎo huò, hǎo huò bù piányi.

A：_____, xíng bu xíng?

B：_____.

综合练习

（一）完成会话：艾米在国营商店买裙子

艾　米：小姐，这儿有_____吗?

售货员：有。你看，这些_____。

艾　米：这种_____是哪儿_____的?

售货员：_____。

艾　米：质量_____?

售货员：质量_____。这批货卖得很快。

艾　米：多少钱_____?

售货员：_____。

艾　米：太贵了，别的地方_____。

售货员：_____。

艾　米：_____，行不行?

售货员：我们是_____，不_____。

艾　米：那拿_____，可以吗?

售货员：行，你要哪种＿＿＿＿＿＿的？
艾　米：＿＿＿＿＿＿。

Ài mǐ：Xiǎojiě, zhér yǒu＿＿＿＿＿ma?
Shòuhuòyuán：Yǒu. Nǐ kàn, zhèxiē＿＿＿＿＿.
Ài mǐ：Zhè zhǒng＿＿＿＿shì nǎr＿＿＿＿de?
Shòuhuòyuán：＿＿＿＿＿＿.
Ài mǐ：Zhìliàng＿＿＿＿＿?
Shòuhuòyuán：Zhìliàng＿＿＿＿＿. Zhè pī huò mài de hěn kuài.
Ài mǐ：Duōshao qián＿＿＿＿＿?
Shòuhuòyuán：＿＿＿＿＿＿.
Ài mǐ：Tài guì le, bié de dìfang＿＿＿＿.
Shòuhuòyuán：＿＿＿＿＿＿.
Ài mǐ：＿＿＿＿＿, xíng bu xíng?
Shòuhuòyuán：Wǒmen shì＿＿＿＿, bù＿＿＿＿.
Ài mǐ：Nà ná＿＿＿＿＿, kěyǐ ma?
Shòuhuòyuán：Xíng, nǐ yào nǎ zhǒng＿＿＿＿de?
Ài mǐ：＿＿＿＿＿＿.

（二）课文：《幸运的顾客》

　　一家商店门口上写着："今天您可能是最幸运的顾客，您买的东西全都免费。这样的机会一个星期才有一次。"

　　很多人都想成为这个幸运的顾客，他们每个人都花很多钱买了很多东西。王欢也想成为幸运的顾客。今天他买了很多吃的东西，穿的东西，用的东西。这些东西有的现在需要，有的现在不需要，一共花了1000多块。他付完钱，走出商店，忽然想起应该再买一盒茶叶。他又回去买了一小盒茶叶，刚要付钱，商店的经理一边笑一边说：

"先生，您是今天最幸运的顾客，您买的东西全都免费。"王欢看了看茶叶的价钱，才5块钱。

（二）kèwén: *Xìngyùn de Gùkè*

Yì jiā shāngdiàn ménkǒu xiězhe："Jīntiān nín kěnéng shì zuì xìngyùn de gùkè, nín mǎi de dōngxi quán dōu miǎnfèi, zhèyàng de jīhuì yí ge xīngqī cái yǒu yí cì".

Hěn duō rén dōu xiǎng chéngwéi zhè ge xìngyùn de gùkè, tāmen měi ge rén dōu huā hěn duō qián mǎi le hěn duō dōngxi. Wáng Huān yě xiǎng chéngwéi xìngyùn de gùkè. Jīntiān tā mǎi le hěn duō chī de dōngxi, chuān de dōngxi, yòng de dōngxi. Zhèxiē dōngxi yǒude xiànzài xūyào, yǒude xiànzài bù xūyào, yígòng huā le 1000 duō kuài. Tā fùwán qián, zǒuchū shāngdiàn, hūrán xiǎngqǐ yīnggāi zài mǎi yī hé cháyè. Tā yòu huíqu mǎi le yì xiǎo hé cháyè, gāng yào fù qián, shāngdiàn de jīnglǐ yìbiān xiào yìbiān shuō："Xiānsheng, nín shì jīntiān zuì xìngyùn de gùke, nín mǎi de dōngxi quán dōu miǎnfèi." Wáng Huān kàn le kàn cháyè de jiàqian, cái wǔ kuài qián.

1. 回答问题

  （1）商店门口写着什么？

  （2）王欢是幸运的顾客吗？为什么？

2. 复述

四 课后练习

（一）课文：《我改变主意了》

　　有个人到一家商店买东西。经过讨价还价，售货员同意80元卖给他一件上衣。他拿着上衣看来看去，突然又想到：我的上衣还是新的，还能穿很长时间，最缺的是裤子。于是对售货员说："我开始的时候想买这件上衣，现在我改变主意了。请你给一条同样价钱的裤子吧。"

　　售货员拿出一条裤子来，这个人拿起裤子就走。售货员说："你还没付钱呢！"

　　"付什么钱？这条裤子是用那件上衣换的。"

　　"可是你没付上衣钱！"

　　"奇怪！我没拿你的上衣，干吗要付钱？"

（二）回答问题

1. 买东西的人为什么改变了主意？
2. 你认为买东西的人应该不应该付裤子钱？为什么？

拼音

（一）Kèwén: *Wǒ Gǎibiàn Zhǔyì le*

　　Yǒu ge rén dào yì jiā shāngdiàn mǎi dōngxi. Jīngguò tǎo jià huán jià, shòuhuòyuán tóngyì bāshí yuán màigěi tā yí jiàn shàngyī. Tā ná zhe shàngyī kàn lái kàn qù, tūrán yòu xiǎngdào: wǒ de shàngyī hái shì xīn de, hái néng chuān hěn cháng shíjiān, zuì quē de shì kùzi. Yúshì duì shòuhuòyuán shuō: "wǒ kāishǐ de shíhou xiǎng mǎi zhè jiàn shàngyī, xiànzài wǒ gǎibiàn zhǔyi le. Qǐng nǐ gěi wǒ yì tiáo tóngyàng jiàqián de kùzi ba."

　　Shòuhuòyuán náchū yì tiáo kùzi lái, zhè ge rén náqǐ kùzi jiù zǒu. Shòuhuòyuán shuō:

　　"Nǐ hái méi fù qián ne?"

　　"Fù shénme qián? Zhè tiáo kùzi shì yòng nà jiàn shàngyī huàn de."

　　"Kěshì nǐ méi fù shàngyī qián!"

　　"Qíguài! Wǒ méi ná nǐ de shàngyī, gànmá yào fù qián?"

(二) Huídá wèntí

1. Mǎi dōngxi de rén wèishénme gǎibiàn le zhǔyi?
2. Nǐ rènwéi mǎi dōngxi de rén yīnggāi bu yīnggāi fù kùzi qián? Wèi shénme?

第二课

爱好和经历

一 生词

1. 经历　　动、名　　jīnglì　　　　to go through; experience
2. 植物　　名　　　　zhíwù　　　　plant
3. 植物园　名　　　　zhíwùyuán　　botanical garden
4. 避暑　　　　　　　bì shǔ　　　　to be away for summer holidays
5. 无数　　形　　　　wúshù　　　　innumerable, countless
6. 芹菜　　名　　　　qíncài　　　　celery
7. 葱　　　名　　　　cōng　　　　　onion
8. 油　　　名　　　　yóu　　　　　oil
9. 合　　　动　　　　hé　　　　　　to suit (one's taste)
10. 口味　　名　　　　kǒuwèi　　　　taste
11. 龙井茶　名　　　　lóngjǐngchá　　Longjing tea
12. 醋　　　名　　　　cù　　　　　　vinegar

熟读短语和句子

经历	~过　~过很多事情　~过的事　生活~　学习~
植物	~园　这种~　那种~　一种~　参观~园
避暑	去~　去海边~　~的好地方　颐和园是~的地方
无数	~次　去过~次　看过~次　吃过~次　~的人
芹菜	买~　吃~　一斤~　~馅儿饺子
葱	小~　大~　猪肉大葱馅儿的饺子
油	~腻　~太多　少放~　少吃~　植物~
合	~口味　~我的口味不　~你的口味吗？不~我的口味，~他的口味

| 龙井茶 | 一盒~ 　 今年的新~ 　 喜欢喝~ 　 品尝杭州的~ |

| 醋 | 西湖~鱼　 吃西湖~鱼　 山西人西湖吃~。 |

| 游览 | ~长城　 ~故宫　 ~过很多地方　 ~桂林山水
喜欢~ |

模仿

（一）功能会话：谈爱好

❶ A：你的最大的爱好是什么？
　 B：旅游。
　 A：还有别的爱好吗？
　 B：我还喜欢照相。

❷ A：什么是你的最大爱好？
　 B：看京剧。
　 A：还有别的爱好吗？
　 B：我还喜欢练习书法。

❸ A：你的最大爱好是什么？（什么是你最大的爱好？）
　 B：_____。
　 A：还有别的爱好吗？
　 B：我还喜欢_____。

第二课　爱好和经历

拼音 Pīnyīn

❶ A：Nǐ de zuì dà àihào shì shénme?
　 B：Lǚyóu.
　 A：Hái yǒu bié de àihào ma?
　 B：Wǒ hái xǐhuan zhào xiàng.

❷ A：Shénme shì nǐ de zuì dà àihào?
　 B：Kàn jīngjù.
　 A：Hái yǒu bié de àihào ma?
　 B：Wǒ hái xǐhuan liànxí shūfǎ.

❸ A：Nǐ de zuì dà àihào shì shénme?(Shénme shì nǐ zuì dà de àihào?)
　 B：_____.
　 A：Hái yǒu bié de àihào ma?
　 B：Wǒ hái xǐhuan_____.

（二）功能会话：谈经历(1)

❶ A：来北京以后，你都去过哪些地方？
　 B：我去过的地方可多啦。我参观过故宫，游览过长城，曾经在颐和园的昆明湖划过船，还在动物园跟大熊猫照过相。
　 A：是吗？真可以说，北京的许多名胜古迹都留下了你的足迹。

❷ A：来中国以后，你都游览过哪些地方？
　 B：我去过的地方可多啦。我参观过西安的兵马俑，

21

游览过桂林山水，曾经在杭州的西湖上划过船，还在南京的长江大桥上照过相。

A：是吗？真可以说，中国的山山水水都留下了你的足迹。

❸ A：来_____以后，你都去过哪些地方？

B：我参观过_____，游览过_____；曾经在_____，还在_____。

A：是吗？真可以说，_____。

拼音 Pīnyīn

❶ A：Lái Běijīng yǐhòu, nǐ dōu qùguo nǎxiē dìfang?

B：Wǒ qùguo de dìfang kě duō la. Wǒ cānguān guo Gùgōng, yóulǎn guo Chángchéng, céngjīng zài Yíhéyuán de Kūnmínghú huáguo chuán, hái zài dòngwùyuán gēn dà xióngmāo zhàoguo xiàng.

A：Shì ma? Zhēn kěyǐ shuō, Běijīng de xǔduō míngshèng gǔjì dōu liúxià le nǐ de zújì.

❷ A：Lái Zhōngguó yǐhòu, nǐ dōu yóulǎn guo nǎxiē dìfang?

B：Wǒ qùguo de dìfang kě duō la. Wǒ cānguān guo Xī'ān de Bīngmǎyǒng, yóulǎn guo Guìlín shānshuǐ, céngjīng zài Hángzhōu de Xīhú huáguo chuán, hái zái Nánjīng de Chángjiāng Dà Qiáo zhàoguo xiàng.

A：Shì ma? Zhēn kěyǐ shuō, Zhōngguó de shānshān-shuǐshuǐ dōu liúxià le nǐ de zújì.

❸ A：Lái_____yǐhòu, nǐ dōu qùguo nǎxiē dìfang?

B：Wǒ cānguān guo_____, yóulǎn guo_____；

céngjīng zài_____，hái zài_____．

A：Shìma? Zhēn kěyǐ shuō，_____．

（三）功能会话：谈经历（2）

❶ A：你去过西安没有？

B：去过。

A：你去过几次西安？

B：我去过一次西安。

❷ A：你得过感冒没有？

B：得过。

A：你得过几次感冒？

B：我得过两次感冒。

❸ A：你_____过_____没有？

B：_____过。

A：你_____过几次_____？

B：我_____。

 拼音 Pīnyīn

❶ A：Nǐ qùguo Xī'ān méiyou?

B：Qùguo.

A：Nǐ qùguo jǐ cì Xī'ān?

B：Wǒ qùguo yí cì Xī'ān.

❷ A：Nǐ déguo gǎnmào méiyou?

B：Déguo.

A：Nǐ déguo jǐ cì gǎnmào?

B：Wǒ déguo liǎng cì gǎnmào.

❸ A：Nǐ_____guo_____méiyou?

B：_____guo.

A：Nǐ_____guo jǐ cì_____？

B：Wǒ_____.

（四）功能会话：谈经历（3）

❶ A：你找过赵林没有？

B：找过。

A：你找过他几次？

B：我找过他三次。

❷ A：帮助过小于没有？

B：帮助过。

A：你帮助过他几次？

B：我帮助过他两次。

❸ A：你_____过_____没有？

B：_____过。

A：你_____过_____几次？

B：我_____。

拼音 Pīnyīn

❶ A：Nǐ zhǎoguo Zhào Lín méiyou?

B：Zhǎoguo.

A：Nǐ zhǎoguo tā jǐ cì?

B：Wǒ zhǎoguo tā sān cì.

❷ A：Nǐ bāngzhù guo Xiǎo Yú méiyou?

B：Bāngzhu guo.

A：Nǐ bāngzhu guo tā jǐ cì?

B：Wǒ bāngzhu guo tā liǎng cì.

❸ A：Nǐ_____guo_____méiyou?

B：_____guo.

A：Nǐ _____guo_____jǐ cì?

B：Wǒ_____.

（五）功能会话：谈打算 / 建议

❶ A：学习就要结束了。学习结束以后，你准备做什么？

B：我准备去外地旅游。我曾经有个愿望，想游遍中国的山山水水。

A：你去过天津吗？

B：没有。听说天津是个大城市，离北京不远。

A：对。我建议你去看看，天津的水上公园、食品街、服装街都很有名。

❷ A：就要考试了。考完试以后，你打算做什么？

B：我打算在北京好好儿转转。我曾经有个愿望，想游遍北京的名胜古迹。

A：你去过香山没有？

B：没有。听说香山在颐和园的西边，离北京植物园不远。

A：对。我建议你去香山看看，夏天那里非常凉快，是避暑的好地方。

❸ A：就要_____了。_____以后，你打算做什么？

B：我打算_____。我曾经有个愿望，想_____。

A：你去过_____吗？

B：没有。听说_____。

A：对。我建议你去看看，_____。

拼音 Pīnyīn

1 A: Xuéxí jiù yào jiéshù le. Xuéxí jiéshù yǐhòu, nǐ zhǔnbèi zuò shénme?

B: Wǒ zhǔnbèi qù wàidì lǚyóu. Wǒ céngjīng yǒu ge yuànwàng, xiǎng yóu biàn Zhōngguó de shānshān–shuǐshuǐ.

A: Nǐ qùguo Tiānjīn ma?

B: Méiyou. Tīngshuō Tiānjīn shì ge dà chéngshì, lí Běijīng bù yuǎn.

A: Duì. Wǒ jiànyì nǐ qù kànkan, Tiānjīn de Shuǐshàng Gōngyuán、Shípǐnjiē、Fúzhuāngjiē dōu hěn yǒumíng.

2 A: Jiù yào kǎoshì le. Kǎowán shì yǐhòu, Nǐ dǎsuan zuò shénme?

B: Wǒ dǎsuan zài Běijīng hǎohāor zhuànzhuan. Wǒ céngjīng yǒu ge yuànwàng, xiǎng yóu biàn Běijīng de míngshèng gǔjì.

A: Nǐ qùguo Xiāngshān méiyou?

B: Méiyou. Tīngshuō Xiāngshān zài Yíhéyuán de xībian, lí Běijīng Zhíwùyuán bù yuǎn.

A: Duì. Wǒ jiànyì nǐ qù Xiāngshān kànkan, xiàtiān nàli fēicháng liángkuai, shì bì shǔ de hǎo dìfang.

3 A: Jiù yào_____ le. _____ yǐyòu, Nǐ dǎsuan zuò shénme?

B: Wǒ dǎsuan_____. Wǒ céngjīng yǒu ge yuànwàng, xiǎng_____.

A: Nǐ qùguo_____ ma?

B: Méiyou. Tīngshuō_____.

A: Duì. Wǒ jiànyì nǐ qù kànkan, _____.

 **综合练习**

（一）完成会话：贝拉和彼得谈考试后的打算

贝拉：就要考试了，你复习完了吗？

彼得：_____已经复习完了，_____还没复习呢。

贝拉：听说考完试以后你要去_____，是吗？

彼得：是的。不过我还没拿定主意呢。

贝拉：你去过_____吗？

彼得：没有。听说_____离_____不远。

贝拉：我建议你去看看，_____。

彼得：你去过_____吧？

贝拉：去过好几次了。

彼得：这么说，你也喜欢旅游？

贝拉：当然。小时候我曾经有个愿望，想_____。

Bèilā: Jiù yào kǎoshì le, nǐ fùxí wán le ma?

Bǐdé: _____ yǐjīng fùxí wán le, _____ hái méi fùxí ne.

Bèilā: Tīngshuō kǎowán shì yǐhòu nǐ yào qù_____, shì ma?

Bǐdé: Shì de. Búguò wǒ hái méi nádìng zhǔyi ne.

Bèilā: Nǐ qùguo_____ma?

Bǐdé: Méiyou. Tīngshuō_____lí_____bù yuǎn.

Bèilā: Wǒ jiànyì nǐ qù kànkan, _____.

Bǐdé: Nǐ qùguo_____ba?

Bèilā: Qùguo hǎo jǐ cì le.

Bǐdé: Zhème shuō, nǐ yě xǐhuan lǚyóu?

Bèilā：Dāngrán. Xiǎoshíhou wǒ céngjīng yǒu ge yuànwàng, xiǎng _____.

（二）把下面的句子组成语段

他去过无数次了。
来中国快两个月了，我还没吃过饺子。
小张说学校附近有一家饭馆儿，饺子非常好吃。
我问他那儿的饺子有什么特点。
小张还告诉我，那儿的饺子不仅好吃，而且吃了还想吃。
他说那儿的饺子最大的特点是芹菜多、葱多、肉少、油少。
他想请我去那儿吃饺子。
这正合我的口味。

Tā qùguo wúshù cì le.
Lái Zhōngguó kuài liǎng ge yuè le, wǒ hái méi chīguo jiǎozi.
Xiǎo Zhāng shuō xuéxiào fùjìn yǒu yì jiā fànguǎnr, jiǎozi fēicháng hǎochī.
Wǒ wèn tā nàr de jiǎozi yǒu shénme tèdiǎn.
Xiǎo Zhāng hái gàosu wǒ, nàr de jiǎozi bùjǐn hǎochī, érqiě chī le hái xiǎng chī.
Tā shuō nàr de jiǎozi zuì dà de tèdiǎn shì qíncài duō, cōng duō, ròu shǎo, yóu shǎo.
Tā xiǎng qǐng wǒ qù nàr chī jiǎozi.
Zhè zhèng hé wǒ de kǒuwèi.

 四 课后练习

（一）把下面的叙述改成对话

　　下星期就要考试了。山本正生词和课文已经复习完了，语法还没复习呢。他正在宿舍复习，丁兰来了。丁兰问他学习结束以后有什么打算。山本说要去杭州旅行。丁兰的男朋友在杭州工作，她也要去杭州。山本想跟她一起去。山本以前去过上海，没去过杭州。丁兰告诉他，杭州离上海不远，杭州的西湖非常有名。山本要品尝那里的龙井茶，还要尝尝西湖的醋鱼。

（二）对话

丁兰：

山本：

拼音

（一）Bǎ xiàmiàn de xùshù gǎichéng duìhuà

　　Xià xīngqī jiù yào kǎoshì le. Shānběn Zhèng shēngcí hé kèwén yǐjīng fùxí wán le, yǔfǎ hái méi fùxí ne. Tā zhèngzài sùshè fùxí, Dīng Lán lái le. Dīng Lán wèn tā xuéxí jiéshù yǐhòu yǒu shénme dǎsuan. Shānběn shuō yào qù Hángzhōu lǚxíng. Dīng Lán de nán péngyou zài Hángzhōu gōngzuò, tā yě yào qù Hángzhōu. Shānběn xiǎng gēn tā yìqǐ qù. Shānběn yǐqián qùguo Shànghǎi, méi qùguo Hángzhōu. Dīng Lán gàosu tā, Hángzhōu lí Shànghǎi bù yuǎn, Hángzhōu de Xīhú fēicháng yǒumíng. Shānběn yào pǐncháng nàlǐ de lóngjǐngchá, hái yào chángchang Xīhú de cùyú.

（二）Duìhuà

　　Dīng Lán：

　　Shānběn：

第三课

劝阻和警告

一 生词

1. 旷课　　　　　　　kuàng kè　　　to cut school
2. 不利　　形　　　　búlì　　　　　unfavourable
3. 违反　　动　　　　wéifǎn　　　　to violate
4. 规定　　动、名　　guīdìng　　　　stipulation
5. 取消　　动　　　　qǔxiāo　　　　to cancel
6. 资格　　名　　　　zīgé　　　　　qualification
7. 除名　　　　　　　chú míng　　　to take one's name off
8. 动画片　名　　　　dònghuàpiàn　　cartoon
9. 视力　　名　　　　shìlì　　　　　vision
10. 支　　　量　　　　zhī　　　　　　(a measure word)
11. 让　　　动　　　　ràng　　　　　to let
12. 辈子　　名　　　　bèizi　　　　　all one's life
13. 难为　　动　　　　nánwéi　　　　to embarrass

熟读短语和句子

| 旷课 | 常常~　　不常~　　~10节　　旷10节课　　不要~
~影响学习　　不是每天都~ |

不利	对学习~　　对身体~　　对工作~　　对教学~ ~于健康　　~于学习
违反	~规定　　~学校的规定　　~纪律　　~法律
规定	学校的~　　国家的~　　政府的~　　违反~　　遵守~
取消	~资格　　~考试的资格　　~成绩　　~考试的成绩 ~规定　　~这个规定
资格	学习的~　　考试的~　　参加的~
除名	被学校~　　被公司~　　再旷课一次就~。
动画片	中国~　　日本~　　看~　　喜欢看~ 孩子喜欢看~。
视力	~好　　~不好　　影响~　　左眼的~　　右眼的~ 1.0的~　　1.5的~
支	一~烟　　每天抽一~烟　　一~歌　　一~笔 一~蜡烛

让	~我每天抽一支烟　　~我告诉你　　~你去南方旅行 ~我不高兴　　~他们参加比赛　　老师~学生提意见。
辈子	一~　　这~　　半~　　一~不抽烟　　一~不结婚 一~不会忘记
难为	~我　　~你　　~他　　别~他　　这不是~我吗？

 模仿

（一）功能会话：强调时间、地点

❶ A：你是哪天回来的？
　 B：我是前天回来的。
　 A：你是怎么回来的？
　 B：我是坐船回来的。

❷ A：你是从哪儿来的？
　 B：我是从韩国来的。
　 A：你是跟谁一起来的？
　 B：我是跟同学一起来的。

❸ A：你是_____的？
　 B：我是_____的。
　 A：你是_____的？
　 B：我是_____的。

拼音 Pīnyīn

❶ A：Nǐ shì nǎ tiān huílai de?
  B：Wǒ shì qiántiān huílai de.
  A：Nǐ shì zěnme huílai de?
  B：Wǒ shì zuò chuán huílai de.

❷ A：Nǐ shì cóng nǎr lái de?
  B：Wǒ shì cóng Hánguó lái de.
  A：Nǐ shì gēn shuí yìqǐ lái de?
  B：Wǒ shì gēn tóngxué yìqǐ lái de.

❸ A：Nǐ shì _____ de?
  B：Wǒ shì _____ de.
  A：Nǐ shì _____ de?
  B：Wǒ shì _____ de.

（二）功能会话：生气、质问

❶ A：好哇，你又偷着抽烟了。
  B：你原来在家呀，我以为你还没下班呢。
  A：我不在家，你就偷着抽烟哪？
  B：这不是我买的烟，是朋友送的喜烟。
  A：你又在骗我，这个月你抽了三次喜烟了。

❷ A：好哇，你又偷着喝酒了。
  B：你回来了，我以为你还没回家呢。
  A：我没回家，你就偷着喝酒哇？

B：这不是我买的酒，是朋友送的喜酒。

A：你又在骗我，这个月你喝了三次喜酒了。

❸ A：好哇，你又偷着_____。

B：你_____，我以为_____。

A：我不在家，你就偷着_____？

B：_____，是_____。

A：你又在骗我，_____。

拼音 Pīnyīn

❶ A：Hǎo wa, nǐ yòu tōuzhe chōu yān le.

B：Nǐ yuánlái zài jiā ya, wǒ yǐwéi nǐ hái méi xià bān ne.

A：Wǒ bú zài jiā, nǐ jiù tōuzhe chōu yān na?

B：Zhè bú shì wǒ mǎi de yān, shì péngyou sòng de xǐyān.

A：Nǐ yòu zài piàn wǒ, zhè ge yuè nǐ chōu le sān cì xǐyān le.

❷ A：Hǎo wa, nǐ yòu tōuzhe hē jiǔ le.

B：Nǐ huílái le, wǒ yǐwéi nǐ hái méi huí jiā ne.

A：Wǒ méi huí jiā, nǐ jiù tōuzhe hē jiǔ wa?

B：Zhè bú shì wǒ mǎi de jiǔ, shì péngyou sòng de xǐjiǔ.

A：Nǐ yòu zài piàn wǒ, zhè ge yuè nǐ hē le sān cì xǐjiǔ le.

❸ A：Hǎo wa, nǐ yòu tōuzhe_____.

B：Nǐ_____, wǒ yǐwéi_____.

A：Wǒ bú zài jiā, nǐ jiù tōuzhe_____?

B：_____, shì_____.

A：Nǐ yòu zài piàn wǒ, _____.

（三）功能会话：劝阻

❶ A：吸烟对自己的身体有害，而且还影响别人的健康，你知道不知道？
B：知道。可我爸爸抽了四十年烟了，身体不是好好儿的吗？
A：可是你妈不到六十岁就去世了。
B：那也不全是我爸爸抽烟的过儿啊！
A：别狡辩！

❷ A：你常常旷课对自己的学习不利，而且影响别人学习，你知道不知道？
B：知道。可我这次考试的成绩不错啊。
A：可是你违反了学校的规定。
B：我也不是每天都旷课呀！
A：别狡辩！

❸ A：_____有害，而且_____，你知道不知道？
B：知道。可_____，_____吗？
A：可是_____。
B：_____啊！
A：别狡辩！

拼音 Pīnyīn

A: Xī yān duì zìjǐ de shēntǐ yǒuhài, érqiě hái yǐngxiǎng biéren de jiànkāng, nǐ zhīdao bu zhīdao?
B: Zhīdao. Kě wǒ bàba chōule sìshí nián yān le, shēntǐ bú shì hǎohāor de ma?
A: Kěshì nǐ mā bú dào liùshí suì jiù qùshì le.
B: Nà yě bù quán shì wǒ bàba chōu yān de guòr a!

A：Bié jiǎobiàn!

② A：Nǐ chángcháng kuàng kè duì zìjǐ de xuéxí búlì, érqiě yǐngxiǎng biéren xuéxí, nǐ zhīdao bu zhīdao?

B：Zhīdao. Kě wǒ zhè cì kǎoshì de chéngjì búcuò a.

A：Kěshì nǐ wéifǎn le xuéxiào de guīdìng.

B：Wǒ yě bú shì měitiān dōu kuàng kè ya!

A：Bié jiǎobiàn!

③ A：_____ yǒuhài, érqiě _____, nǐ zhīdao bu zhīdao?

B：Zhīdao. Kě _____, _____ ma?

A：Kěshì _____.

B：_____ a!

A：Bié jiǎobiàn!

（四）功能会话：警告

① A：告诉你，再抽烟，我就……

B：就怎么样？

A：回娘家。

② A：告诉你，你再旷课一次，就……

B：就怎么样？

A：就取消考试的资格（除名）了。

③ A：告诉你，你再_____就……

B：就怎么样？

A：_____。

拼音 Pīnyīn

❶ A：Gàosu nǐ, zài chōu yān, wǒ jiù ...
　B：Jiù zěnmeyàng?
　A：Huí niángjiā.

❷ A：Gàosu nǐ, nǐ zài kuàng kè yí cì, jiù ...
　B：Jiù zěnmeyàng?
　A：Jiù qǔxiāo kǎoshì de zīgé (chúmíng) le.

❸ A：Gàosu nǐ, nǐ zài_____jiù ...
　B：Jiù zěnmeyàng?
　A：_____.

综合练习

（一）完成会话：小明放学回家，进了屋子先看了看，见爸爸妈妈没在家，就打开电视，坐在沙发上看了起来。看了两个多小时，妈妈回来了

妈妈：好哇，你又_____。
小明：您回来了？我以为您_____才回来呢。
妈妈：我_____，你就_____？
小明：我刚看了_____您就回来了。
妈妈：你又在骗我，你最少看了_____小时。你是什么时候回来的？
小明：_____。

妈妈：你作业做完了吗？

小明：还没做完呢，我看完这个动画片就＿＿＿＿＿＿，还不行吗？

妈妈：不行。现在就做。长时间看电视对＿＿＿＿＿＿有害，而且还＿＿＿＿＿＿，你知道不知道？

小明：知道。可我两只眼睛的视力都是1.5。

妈妈：可是＿＿＿＿＿＿。

小明：那也不全是＿＿＿＿＿＿的过呀！

妈妈：别狡辩！你再不听话，我就……

小明：就怎么样？

妈妈：＿＿＿＿＿＿。

Māma: Hǎo wa, nǐ yòu＿＿＿＿＿＿.

Xiǎo Míng: Nín huílai le? Wǒ yǐwéi nín＿＿＿＿＿＿cái huílai ne.

Māma: Wǒ＿＿＿＿＿＿, nǐ jiù＿＿＿＿＿＿?

Xiǎo Míng: Wǒ gāng kànle＿＿＿＿＿＿nín jiù huílai le.

Māma: Nǐ yòu zài piàn wǒ, nǐ zuì shǎo kànle＿＿＿＿＿＿xiǎoshí. Nǐ shì shénme shíhou huílai de?

Xiǎo Míng: ＿＿＿＿＿＿.

Māma: Nǐ zuòyè zuòwán le ma?

Xiǎo Míng: Hái méi zuòwán ne, wǒ kànwán zhè ge dònghuàpiàn jiù＿＿＿＿＿＿, hái bù xíng ma?

Māma: Bù xíng. Xiànzài jiù zuò. Cháng shíjiān kàn diànshì duì＿＿＿＿＿＿yǒuhài, érqiě hái＿＿＿＿＿＿, nǐ zhīdao bu zhīdao?

Xiǎo Míng: Zhīdao. Kě wǒ liǎng zhī yǎnjing de shìlì dōu shì yī diǎn wǔ.

Māma: Kěshì＿＿＿＿＿＿.

Xiǎo Míng: Nà yě bù quán shì＿＿＿＿＿＿de guò ya!

Māma：Bié jiǎobiàn! Nǐ zài bù tīng huà，wǒ jiù ……
Xiǎo Míng：Jiù zěnmeyàng?
Māma：＿＿＿＿＿＿＿＿＿＿．

（二）完成会话：发哥身体不好，大夫不让他喝酒，可是他在家里偷着喝，妻子回来了

妻子：好哇，你又＿＿＿＿＿＿＿！
发哥：你回来了？我以为＿＿＿＿＿＿＿。
妻子：我不在家，你就＿＿＿＿＿＿＿？
发哥：我刚喝了＿＿＿＿＿＿＿，你就＿＿＿＿＿＿＿。
妻子：你又在＿＿＿＿＿＿＿，这瓶酒快＿＿＿＿＿＿＿了。
发哥：喝完这瓶，我保证，＿＿＿＿＿＿＿。
妻子：不行，大夫说了，喝酒对＿＿＿＿＿＿＿。你得从今天开始＿＿＿＿＿＿＿。
发哥：从＿＿＿＿＿＿＿开始戒吧。
妻子：别讨价还价。

Qīzi：Hǎo wa, nǐ yòu ＿＿＿＿＿＿＿!
Fā gē：Nǐ huílai le? Wǒ yǐwéi ＿＿＿＿＿＿＿.
Qīzi：Wǒ bú zài jiā, nǐ jiù＿＿＿＿＿＿＿?
Fā gē：Wǒ gāng hēle＿＿＿＿＿＿＿, nǐ jiù＿＿＿＿＿＿＿.
Qīzi：Nǐ yòu zài＿＿＿＿＿＿＿, zhè píng jiǔ kuài＿＿＿＿＿＿＿le.
Fā gē：Hēwán zhè píng, wǒ bǎozhèng, ＿＿＿＿＿＿＿.
Qīzi：Bù xíng, dàifu shuōle, hē jiǔ duì＿＿＿＿＿＿＿. Nǐ děi cóng jīntiān kāishǐ ＿＿＿＿＿＿＿.
Fā gē：Cóng＿＿＿＿＿＿＿kāishǐ jiè ba.
Qīzi：Bié tǎo jià huán jià.

 **四 课后练习**

（一）课文：《每天只抽一支烟》

有一个老人来医院看病，大夫给他检查以后说："老先生，您的病不要紧。我给您开点儿中药，再开点儿西药。还有，回去以后要好好儿休息，早睡早起，少喝酒少抽烟，最好每天只抽一支烟。"

过了一个月，老人来到医院，找到这位大夫，说："我吃了你的药，也按照你说的去做了，现在好多了。"

"还有什么问题吗？"

"你让我好好儿休息，早睡早起，少喝酒，我都做到了。只是有一件事太难了。"

"什么事？"

"你让我每天最好抽一支烟。你想，我这么大年纪，一辈子不抽烟，现在学习抽烟，这不是难为我吗？"

（二）读后复述

拼音

（一）Kèwén: *Měitiān Zhǐ Chōu Yì Zhī Yān*

Yǒu yí ge lǎorén lái yīyuàn kàn bìng, dàifu gěi tā jiǎnchá yǐhòu shuō: "Lǎo Xiānsheng, nín de bìng bú yàojǐn. Wǒ gěi nín kāi diǎnr zhōngyào, zài kāi diǎnr xīyào. Háiyǒu, huíqu yǐhòu yào hǎohāor xiūxi, zǎo shuì zǎo qǐ, shǎo hē jiǔ shǎo chōu yān, zuìhǎo měitiān zhǐ chōu yì zhī yān."

Guòle yí ge yuè, lǎorén láidào yīyuàn, zhǎodào zhè wèi dàifu, shuō: "Wǒ chīle nǐ de yào, yě ànzhào nǐ shuō de qù zuò le, xiànzài hǎo duō le."

"Hái yǒu shénme wèntí ma?"

"Nǐ ràng wǒ hǎohāor xiūxi, zǎo shuì zǎo qǐ, shǎo hē jiǔ, wǒ dōu zuòdào le. Zhǐ shì yǒu yí jiàn shì tài nán le."

"Shénme shì?"

"Nǐ ràng wǒ měitiān zuìhǎo chōu yì zhī yān. Nǐ xiǎng, wǒ zhème dà niánjì, yíbèizi bù chōu yān, xiànzài xuéxí chōu yān, zhè bú shì nánwéi wǒ ma?"

（二）Dú hòu fùshù

第四课

在饭店

一 生词

1.	烧烤	名	shāokǎo	barbecue
2.	鱼香肉丝		yúxiāngròusī	name of a dish
3.	宫保鸡丁		gōngbǎojīdīng	name of a dish
4.	玉米	名	yùmǐ	corn
5.	买单	动	mǎidān	to pay
6.	光	副	guāng	only
7.	壶	名	hú	pot
8.	菊花茶	名	júhuāchá	chrysanthemum tea
9.	蘸	动	zhàn	to dip in
10.	甜面酱	名	tiánmiànjiāng	a sweet sauce
11.	薄饼	名	báobǐng	thin pancake
12.	黄瓜	名	huángguā	cucumber
13.	卷	名	juǎn	to roll up

熟读短语和句子

烧烤	吃~ 韩国~ 韩国~很有名。

玉米	~羹　　一碗~羹
买单	我~　　今天我~。谁~？
光	~吃烤鸭，不吃别的。~喝酒，不吃菜。~学习，不休息。~玩儿，不学习。
壶	一~酒　　一~茶　　一~醋　　一~咖啡
菊花茶	一壶~　　喝~　　喜欢喝~　　来一壶~
蘸	~甜面酱　　~醋　　~糖　　葱~酱
卷	~上　　~起来　　~起来吃　　薄饼~烤鸭

 模仿

（一）功能会话：邀请（1）

1　A：上子，快到吃饭的时间了，还在这儿看书呢？
　　B：是你呀！找我有事吗？

A：有事。不过你得答应我，只许说"行"，不许说"不行"。

B：什么事？

A：请你吃饭。

B：谢谢你的关照，我当然说"行"了。

❷ A：艾米，快到上课的时间了，还在这儿吃饭呢？

B：是你呀！找我有事吗？

A：有事。不过你得答应我，只许说"同意"，不许说"不同意"。

B：什么事？

A：我请你看电影。

B：谢谢你的邀请，我当然同意了。

❸ A：_____，快到_____的时间了，还在这儿_____呢？

B：是_____呀！找我有事吗？

A：有事。不过你得答应我，只许_____，不许_____。

B：什么事？

A：_____。

B：谢谢你的邀请，我_____。

拼音 Pīnyīn

❶ A：Shàngzǐ, kuài dào chī fàn de shíjiān le, hái zài zhèr kàn shū ne?

B：Shì nǐ ya! Zhǎo wǒ yǒu shì ma?

A：Yǒu shì. Búguò nǐ děi dāyìng wǒ, zhǐ xǔ shuō "xíng", bù xǔ shuō "bù xíng".

B：Shénme shì?

A：Qǐng nǐ chī fàn.

B：Xièxie nǐ de guānzhào, wǒ dāngrán shuō "xíng" le.

❷ A：Àimǐ, kuài dào shàng kè de shíjiān le, hái zài zhèr chī fàn ne?

B：Shì nǐ ya! Zhǎo wǒ yǒu shì ma?

A：Yǒu shì. Búguò nǐ děi dāyìng wǒ, zhǐ xǔ shuō "tóngyì", bù xǔ shuō "bù tóngyì".

B：Shénme shì?

A：Wǒ qǐng nǐ kàn diànyǐng.

B：Xièxie nǐ de yāoqǐng, wǒ dāngrán tóngyì le.

❸ A：_____, kuài dào _____ de shíjiān le, hái zài zhèr _____ ne?

B：Shì _____ ya! Zhǎo wǒ yǒu shì ma?

A：Yǒu shì. Búguò nǐ děi dāyìng wǒ, zhǐ xǔ _____, bù xǔ _____.

B：Shénme shì?

A：_____.

B：Xièxie nǐ de yāoqǐng, wǒ _____.

（二）功能会话：邀请（2）

❶ A：学校南门有一家广东风味餐厅刚刚营业，咱们一块儿去尝尝。

B：正好，我还没吃过广东菜呢。

A：广东菜是中国八大菜系之一，非常有名。

❷ A：学校对面有一家韩国风味餐厅刚刚营业，咱们一块儿去尝尝那儿的韩国烧烤。

B：正好，我还没吃过韩国烧烤呢。

A：韩国烧烤很好吃，在世界上也很有名。

❸ A：_____有一家_____刚刚营业，咱们一块儿去尝尝。

B：正好，我还没吃过_____呢。

A：_____。

拼音 Pīnyīn

❶ A：Xuéxiào nánmén yǒu yì jiā Guǎngdōng fēngwèi cāntīng gānggāng yíngyè, zánmen yíkuàir qù chángchang.

B：Zhènghǎo, wǒ hái méi chīguo Guǎngdōng cài ne.

A：Guǎngdōng cài shì Zhōngguó bā dà càixì zhīyī, fēicháng yǒumíng.

❷ A：Xuéxiào duìmiàn yǒu yì jiā Hánguó fēngwèi cāntīng gānggāng yíngyè, zánmen yíkuàir qù chángchang nàr de Hánguó shāokǎo.

B：Zhènghǎo, wǒ hái méi chīguo Hánguó shāokǎo ne.

A：Hánguó shāokǎo hěn hǎochī, zài shìjiè shang yě hěn yǒumíng.

❸ A：_____ yǒu yì jiā_____ gānggāng yíngyè, zánmen yíkuàir qù chángchang.

B：Zhènghǎo, wǒ hái méi chīguo_____ne.

A：_____.

（三）功能会话：点菜（1）

❶ A：欢迎你们，请里边坐。二位吃点儿什么？这是菜单。

B：请给我们介绍几个风味菜。

A：好的。来个龙虎斗，一盘发财猪手。再来个蛇羹，怎么样？

B：什么叫龙虎斗？

A：这是广东名菜，是用蛇肉和猫肉做的。

B：蛇是被保护动物，不能吃。

❷ A：欢迎您，请里边坐。您想吃点儿什么？这是菜单。

B：请你介绍一下儿你们的拿手菜。

A：好的。来个鱼香肉丝，一个宫保鸡丁，再来个玉米羹，怎么样？

B：什么叫鱼香肉丝？

A：这是四川名菜，是用猪肉做的。

❸ A：欢迎_____，请里边坐。_____吃点儿什么？这是菜单。

B：请你介绍_____菜。

A：好的。来个_____，一个_____，再来个_____，怎么样？

B：什么叫_____？

A：这是_____，是用_____做的。

 拼音 Pīnyīn

❶ A：Huānyíng nǐmen, qǐng lǐbian zuò. Èr wèi chī diǎnr shénme? Zhè shì càidān.

B：Qǐng gěi wǒmen jièshào jǐ ge fēngwèi cài.

A：Hǎo de. Lái ge lónghǔdòu, yì pán fācái–zhūshǒu. Zài lái ge shégēng, zěnmeyàng?

B：Shénme jiào lónghǔdòu?

A：Zhè shì Guǎngdōng míngcài, shì yòng shé ròu hé māo ròu zuò de.

B：Shé shì bèi bǎohù dòngwù, bù néng chī.

❷ A： Huānyíng nín, qǐng lǐbian zuò. Nín xiǎng chī diǎnr shénme? Zhè shì càidān.

B： Qǐng nǐ jièshào yíxiàr nǐmen de náshǒucài.

A： Hǎo de. Lái ge yúxiāngròusī, yí ge gōngbǎojīdīng, zài lái ge yùmǐ gēng, zěnmeyàng?

B： Shénme jiào yúxiāngròusī?

A： Zhè shì Sìchuān míngcài, shì yòng zhūròu zuò de.

❸ A： Huānyíng_____, qǐng lǐbian zuò. _____ chī diǎnr shénme? Zhè shì càidān.

B： Qǐng nǐ jièshào_____cài.

A： Hǎo de. Lái ge_____, yí ge_____, zài lái ge _____, zěnmeyàng?

B： Shénme jiào_____?

A： Zhè shì_____, shì yòng_____zuò de.

（四）功能会话：点菜（2）

❶ A：来点儿什么饮料？

B：来瓶白酒怎么样？

C：我一喝白酒就脸红，还是喝点儿啤酒吧。

D：我连啤酒也不能喝。

B：那就来两瓶啤酒，再来一听可口可乐。

❷ A：来点儿什么饮料？

B：来瓶葡萄酒怎么样？

C：我一喝葡萄酒就头疼，还是喝点儿啤酒吧。

D：我连啤酒也不能喝。

B：那就来两瓶啤酒，再来一听雪碧。

❸ A：来点儿什么饮料？

　　B：来_____怎么样？

　　C：我一喝_____就_____，还是喝点儿_____吧。

　　D：我连_____也不能喝。

　　B：那就来_____，再来_____。

拼音 Pīnyīn

❶ A：Lái diǎnr shénme yǐnliào?

　　B：Lái píng báijiǔ zěnmeyàng?

　　C：Wǒ yì hē báijiǔ jiù liǎn hóng, háishì hē diǎnr píjiǔ ba.

　　D：Wǒ lián píjiǔ yě bù néng hē.

　　B：Nà jiù lái liǎng píng píjiǔ, zài lái yì tīng kěkǒukělè.

❷ A：Lái diǎnr shénme yǐnliào?

　　B：Lái píng pútaojiǔ zěnmeyàng?

　　C：Wǒ yì hē pútaojiǔ jiù tóu téng, háishì hē diǎnr píjiǔ ba.

　　D：Wǒ lián píjiǔ yě bù néng hē.

　　B：Nà jiù lái liǎng píng píjiǔ, zài lái yì tīng xuěbì.

❸ A：Lái diǎnr shénme yǐnliào?

　　B：Lái_____zěnmeyàng?

　　C：Wǒ yì hē_____jiù_____, háishì hē diǎnr_____ _____ba.

　　D：Wǒ lián_____yě bù néng hē.

　　B：Nà jiù lái_____, zài lái_____.

（五）功能会话：结账

❶ A：小姐，结账。

B：请稍等。一共117块5。

A：这是120，不用找了。

B：谢谢，欢迎以后再来！

❷ A：先生，买单。

B：请稍等一下儿。一共85块。

A：给你85块。

B：正好，欢迎以后常来！

❸ A：_____，结账。

B：请稍等。一共_____。

A：_____。

B：谢谢，欢迎以后_____！

 拼音 Pīnyīn

❶ A：Xiǎojiě, jié zhàng.

B：Qǐng shāo děng. Yígòng yī bǎi yī shí qī kuài wǔ.

A：Zhè shì yī bǎi èr shí, búyòng zhǎo le.

B：Xièxie, huānyíng yǐhòu zài lái!

❷ A：Xiānsheng, mǎi dān.

B：Qǐng shāo děng yíxiàr. Yígòng bāshí wǔ kuài.

A：Gěi nǐ bāshí wǔ kuài.

B：Zhènghǎo, huānyíng yǐhòu cháng lái!

3 A：_____，jié zhàng.

B：Qǐng shāo děng. Yígòng_____.

A：_____.

B：Xièxie, huānyíng yǐhòu_____!

综合练习

（一）完成会话：于文请艾米去北京烤鸭店吃烤鸭

于文：艾米，星期六中午你_____吗？

艾米：有空儿。你有事吗？

于文：我想请你去吃烤鸭。

艾米：太好了，我还_____呢。

于文：11点，我在_____等你。

艾米：好，不见不散。

Yú Wén：Àimǐ, xīngqīliù zhōngwǔ nǐ_____ma?

Aimǐ：Yǒu kòngr. Nǐ yǒu shì ma?

Yú Wén：Wǒ xiǎng qǐng nǐ qù chī kǎoyā.

Aimǐ：Tài hǎo le, wǒ hái_____ ne.

Yú Wén：shí yī diǎn, wǒ zài_____děng nǐ.

Aimǐ：Hǎo, bú jiàn bú sàn.

（二）完成会话：于文和艾米在烤鸭店

服务员：二位_____？

于　文：来只烤鸭。

艾　米：一只吃得了吗？来半只吧。

于　文：_____。我们光吃烤鸭，不吃别的了。

服务员：喝_____？

艾　米：我渴了，先来壶茶吧。

服务员：_____？

艾　米：菊花茶，怎么样？

于　文：好。一壶_____。

服务员：请稍等。

（服务员端来烤鸭。）

艾　米：他们上菜真_____。

于　文：我们来得早，晚一会儿，上菜就慢了。

艾　米：这_____？

于　文：你看，烤鸭蘸点儿甜面酱，放在薄饼上，再放上葱和黄瓜，卷起来吃。

艾　米：是这样卷吗？

于　文：对。味道怎么样？

艾　米：_____。

Fúwùyuán：Èr wèi_____？

Yú Wén：Lái zhī kǎoyā.

Àimǐ：Yì zhī chī de liǎo ma? Lái bàn zhī ba.

Yú Wén：_____. Wǒmen guāng chī kǎoyā, bù chī bié de le.

Fúwùyuán：Hē_____？

Àimǐ：Wǒ kě le, xiān lái hú chá ba.

Fúwùyuán：_____？

Àimǐ：Júhuāchá, zěnmeyàng？

Yú Wén：Hǎo. Yì hú_____.

Fúwùyuán：Qǐng shāo děng.

（Fúwùyuán duānlái kǎoyā.）

Àimǐ：Tāmen shàng cài zhēn_____.

Yú Wén：Wǒmen láide zǎo, wǎn yíhuìr, shàng cài jiù màn le.

Àimǐ：Zhè_____?

Yú Wén：Nǐ kàn, kǎoyā zhàn diǎnr tiánmiànjiàng, fàng zài báobǐng shang, zài fàng shang cōng hé huángguā, juǎn qǐlai chī.

Àimǐ：Shì zhèyàng juǎn ma?

Yú Wén：Duì. Wèidao zěnmeyàng?

Àimǐ：_____.

 四 课后练习

（一）去饭馆吃饭，写一个跟服务员的对话

（二）报告吃饭的经过

拼音

（一）Qù fànguǎn chī fàn, xiě yí ge gēn fúwùyuán de duìhuà

（二）Bàogào chī fàn de jīngguò

第五课

参观新居

 生词

1. 新居	名	xīnjū	new home
2. 吋	量	cùn	inch
3. 液晶	名	yèjīng	liquid crystal
4. 遥控器	名	yáokòngqì	teleswitch
5. 床单	名	chuángdān	sheet
6. 棉被	名	miánbèi	cotton-padded quilt
7. 馅儿	名	xiànr	filling, stuffing
8. 猪肉	名	zhūròu	pork
9. 白菜	名	báicài	Chinese cabbage
10. 留步	动	liúbù	Don't bother to see me out
11. 锻炼	动	duànliàn	to have physical
12. 排队		pái duì	to line up
13. 鼓掌		gǔ zhǎng	to applaud
14. 加油		Jiā yóu	come on

第五课　参观新居

熟读短语和句子

| 新居 | 参观~　　参观老师的~　　参观赵林的~ |

| 吋 | 20~彩色电视机　　42~液晶电视机 |

| 液晶 | ~电视　　一台25吋~电视 |

| 遥控器 | 一个~　　电视旁边放着~。 |

| 床单 | 新~　　白~　　干净的~　　床上铺着干净的~。 |

| 棉被 | 一床~　　一床新~　　漂亮的~ |

| 馅儿 | 猪肉大葱~　　猪肉白菜~　　猪肉芹菜~　　饺子~　　包子~ |

| 留步 | 请~　　请您~　　您请~ |

锻炼	~身体　　~~　　每天~　　早上~
排队	~买票　　~买饭　　排着队　　排好队
鼓掌	为老师~　　为大内~　　为同学们~　　为演员~ 为运动员~　　为中国队~加油。
加油	鼓掌~　　为北京队鼓掌~。为运动员鼓掌~。加一次油 一个星期加一次油
出来	走~　　跑~　　拿~　　搬~干净的
出去	走~　　跑~　　拿~　　搬~
上来	走~　　跑~　　拿~　　搬~
上去	走~　　跑~　　拿~　　搬~

 模仿

（一）功能会话：参观新居（1）

❶ A：老师，我们来参观您的新居。
B：好啊，快请进。你们看，这里是客厅。
A：客厅真大！这是你们全家的合影吧？
B：对，是我们的全家福。

❷ A：小王，我们来参观你的新居。
B：好啊，快请进。你们看，这里是卧室。
A：卧室真暖和！这是你和爱人的房间吧？
B：对，这是我和爱人的房间，那是孩子的房间。

❸ A：_____，我们来参观你的新居。
B：好啊，快请进。你们看，这里是_____。
A：_____真_____！这是_____吧？
B：对，这是_____。

 拼音 Pīnyīn

❶ A：Lǎoshī, wǒmen lái cānguān nín de xīnjū.
B：Hǎo a, kuài qǐng jìn. Nǐmen kàn, zhèli shì kètīng.
A：Kètīng zhēn dà! Zhè shì nǐmen quánjiā de héyǐng ba?
B：Duì, shì wǒmen de quánjiāfú.

❷ A：Xiǎo Wáng, wǒmen lái cānguān nǐ de xīnjū.
B：Hǎo a, kuài qǐng jìn. Nǐmen kàn, zhèli shì wòshì.

A：Wòshì zhēn nuǎnhuo! Zhè shì nǐ hé àirén de fángjiān ba?

B：Duì, zhè shì wǒ hé àirén de fángjiān, nà shì háizi de fángjiān.

❸ A：_____, wǒmen lái cānguān nǐ de xīnjū.

B：Hǎo a, kuài qǐng jìn. Nǐmen kàn, zhèli shì_____.

A：_____zhēn_____! Zhè shì_____ba?

B：Duì, zhè shì_____.

（二）功能会话：参观新居（2）

❶ 客厅里有一个大沙发和两个小沙发，两个小沙发中间是一张茶几，茶几上放着一套漂亮的茶具。沙发的对面有一台42吋的液晶电视。地上铺着红地毯，墙上挂着两幅山水画儿。中间挂着一张大照片。

❷ 卧室里有一个双人床和两个大衣柜，两个大衣柜中间是一台25吋的液晶电视，电视旁边放着遥控器。双人床上铺着干净的床单，床单上放着漂亮的棉被。地上铺着新地毯，墙上挂着两幅名人的字画，中间挂着主人的结婚照。

❸ _____里有一个_____和两个_____，两个_____中间是_____。_____上放着_____。_____上挂着_____。

拼音 Pīnyīn

❶ Kètīng li yǒu yí ge dà shāfā hé liǎng ge xiǎo shāfā, liǎng ge xiǎo shāfā zhōngjiān shì yì zhāng chájī, chájī shang fàngzhe yí tào piàoliang de chájù. Shāfā de duìmiàn yǒu yì tái 42 cùn de yèjīng diànshì. Dì shang pū zhe hóng dìtǎn, qiáng shang guàzhe liǎng fú shānshuǐhuìr. Zhōngjiān guàzhe yì zhāng dà zhàopiàn.

❷ Wòshì li yǒu yí ge shuāngrénchuáng hé liǎng ge dà yīguì, liǎng ge dà yīguì zhōngjiān shì yì tái 25 cùn de yèjīng diànshì, diànshì pángbiān fàngzhe yáokòngqì. Shuāngrénchuáng shang pū zhe gānjing de chuángdān, chuángdān shang fàngzhe piàoliang de miánbèi. Dì shang pū zhe xīn dìtǎn, qiáng shang guàzhe liǎng fú míngrén de zìhuà, zhōngjiān guàzhe zhǔrén de jiéhūnzhào.

❸ _____li yǒu yí ge_____hé liǎng ge_____, liǎng ge_____zhōngjiān shì_____. _____shang fàngzhe_____shang guàzhe_____.

（三）功能会话：招待客人

❶ A：来，尝尝，这是今年的新茶。
B：这是什么茶？
A：西湖龙井。怎么样？味道不错吧？
B：好极了。
A：吃点儿水果。别客气，跟在自己家里一样。

❷ A：来，尝尝，这是我专门为你包的饺子。
B：什么馅儿的？
A：猪肉白菜。怎么样？味道可以吗？
B：好吃极了。
A：喝点儿白酒吧。别客气，想吃什么自己来。

❸ A：来，尝尝，这是_____。
B：_____？
A：_____。怎么样？_____？
B：_____。
A：_____吧。别客气，_____。

拼音 Pīnyīn

❶ A：Lái, chángchang, zhè shì jīnnián de xīn chá.
B：Zhè shì shénme chá?
A：Xīhú Lóngjǐng, zěnmeyàng? Wèidao búcuò ba?
B：Hǎo jí le.
A：Chī diǎnr shuǐguǒ. Bié kèqi, gēn zài zìjǐ jiāli yíyàng.

❷ A：Lái, chángchang, zhè shì wǒ zhuānmén wèi nǐ bāo de jiǎozi.
B：Shénme xiànr de?
A：Zhūròu báicài. Zěnmeyàng? Wèidao kěyǐ ma?
B：Hǎochī jí le.
A：Hē diǎnr báijiǔ ba. Bié kèqi, xiǎng chī shénme zìjǐ lái.

❸ A：Lái, chángchang, zhè shì_____.
B：_____?

A：_____. Zěnmeyàng? _____?

B：_____.

A：_____ba. Bié kèqi, _____.

（四）功能会话：告别/送客

❶ A：时间不早了，我该走了。

B：再坐一会儿吧。

A：不了，你们也该早点儿休息了。

B：那我送你下去。

A：别出来了。我走了。

❷ A：太晚了，我们该回去了。

B：回去向你们的爸爸、妈妈问好。

A：谢谢，您别出来了。

B：我送你们到楼下。

A：您请回吧。再见。

❸ A：_____了，我该_____了。

B：_____。

A：谢谢，_____。

B：我送_____。

A：您请留步。再见。

 拼音 Pīnyīn

A：Shíjiān bù zǎo le, wǒ gāi zǒu le.

B：Zài zuò yíhuìr ba.

A：Bù le, nǐmen yě gāi zǎo diǎnr xiūxi le.

B：Nà wǒ sòng nǐ xiàqu.

A：Bié chūlai le. Wǒ zǒu le.

❷ A：Tài wǎn le, wǒmen gāi huíqu le.

B：Huíqu xiàng nǐmen de bàba māma wèn hǎo.

A：Xièxie, nín bié chūlai le.

B：Wǒ sòng nǐmen dào lóuxià.

A：Nín qǐng huí ba. Zàijiàn.

❸ A：_____le, wǒ gāi_____le.

B：_____.

A：Xièxie, _____.

B：Wǒ sòng _____.

A：Nín qǐng liúbù. Zàijiàn.

 综合练习

（一）读下面对话，用山本的口气进行第一人称叙述

山本：昨天麻烦了你们一天，真不好意思。

王才：客气什么！你们到学校几点了？

山本：都夜里12点多了。因为没有汽车了，我们是走着回去的。

王才：那你们走得够远的。

山本：没什么，正好可以锻炼锻炼身体。

王才：对了，昨天不知道谁的手机忘在我家了，我给带过来了。

山本：可能是大内的。

王才：那我给她送过去吧。

山本：还是我给她带回去吧。

Shānběn: Zuótiān máfan le nǐmen yì tiān, zhēn bù hǎo yìsi.

Wáng Cái: Kèqi shénme! Nǐmen dào xuéxiào jǐ diǎn le?

Shānběn: Dōu yèli shíèr diǎn duō le. Yīnwèi méiyǒu qìchē le, wǒmen shì zǒuzhe huíqu de.

Wáng Cái: Nà nǐmen zǒu de gòu yuǎn de.

Shānběn: Méi shénme, zhènghǎo kěyǐ duànliàn duànliàn shēntǐ.

Shānběn: Duì le, zuótiān bù zhīdao shuí de shǒujī wàng zài wǒ jiā le, wǒ gěi dài guòlai le.

Shānběn: Kěnéng shì Dànèi de.

Wáng Cái: Nà wǒ gěi tā sòng guòqu ba.

Shānběn: Háishì wǒ gěi tā dài huíqu ba.

（二）完成会话：山本正在王才的宿舍，看王才全家的合影

山本：王才，这是_____吧？

王才：对。这叫_____。

山本：中间坐着的是——

王才：我_____和_____。

山本：老人今年_____？

王才：我爷爷已经去世了，奶奶_____，身体还挺好。

山本：这两位是_____，我没说错吧？

王才：没错。_____的左边是_____，_____的右边是_____。

山本：这个_____是谁？

王才：是_____。

山本：你在哪儿？

王才：在这儿。_____的是我。

Shānběn: Wáng Cái, zhè shì＿＿＿＿ba?

Wáng Cái: Duì. Zhè jiào＿＿＿＿.

Shānběn: Zhōngjiān zuòzhe de shì——

Wáng Cái: Wǒ＿＿＿＿hé＿＿＿＿.

Shānběn: Lǎorén jīnjián＿＿＿＿?

Wáng Cái: Wǒ yéye yǐjīng qùshì le, nǎinai＿＿＿＿, shēntǐ hái tǐng hǎo.

Shānběn: Zhè liǎng wèi shì＿＿＿＿, wǒ méi shuōcuò ba?

Wáng Cái: Méi cuò.＿＿＿＿de zuǒbiān shì＿＿＿＿, ＿＿＿＿de yòubiān shì＿＿＿＿.

Shānběn: Zhè ge＿＿＿＿shì shuí?

Wáng Cái: Shì＿＿＿＿.

Shānběn: Nǐ zài nǎr?

Wáng Cái: Zài zhèr.＿＿＿＿de shì wǒ.

四 课后练习

（一）课文：《看足球比赛》

　　昨天晚上彼得和王才去工人体育场看足球比赛。这是北京队和上海队的比赛。7点钟运动员排着队走进场来。比赛开始了，双方的运动员跑过来跑过去，他们都很积极。王才是北京队的球迷，他不断地为北京队鼓掌加油。第89分钟的时候，北京队的一个运动员把球踢进对方的球门。场上的比分是2∶1。北京队的观众都站起来，一边鼓掌一边欢呼："北京队，加油。北京队，加油。"比赛结束了，北京队赢了。王才非常高兴。

（二）读后复述课文

拼音

（一）Kèwén: *Kàn Zúqiú Bǐsài*

　　Zuótiān wǎnshang Bǐdé hé Wáng Cái qù Gōngrén Tǐyùchǎng kàn zúqiú bǐsài. Zhè shì Běijīng duì hé Shànghǎi duì de bǐsài. Qī diǎnzhōng yùndòngyuán páizhe duì zǒujìn chǎng lái. Bǐsài kāishǐ le, shuāngfāng de yùndòngyuán pǎo guòlai pǎo guòqu, tāmen dōu hěn jījí. Wáng Cái shì Běijīng duì de qiúmí, tā búduàn de wèi Běijīng duì gǔ zhǎng jiāyóu. Dì bāshíjiǔ fēnzhōng de shíhou, Běijīng duì de yí ge yùndòngyuán bǎ qiú tījìn duìfāng de qiúmén. Chǎngshang de bǐfēn shì èr：yī. Běijīng duì de guānzhòng dōu zhàn qǐlai, yìbiān gǔ zhǎng yìbiān huānhū："Běijīng duì, jiāyóu. Běijīng duì, jiāyóu." Bǐsài jiéshù le, Běijīng duì yíng le. Wáng Cái fēicháng gāoxìng.

（二）Dúhòu fùshù kèwén

第六课

问　路

一 生词

1.	剧院	名	jùyuàn	theatre
2.	红绿灯	名	hónglǜdēng	traffic light
3.	劳驾	动	láojià	excuse me
4.	商场	名	shāngchǎng	market
5.	丁字路口		dīngzì lùkǒu	T-shaped road junction
6.	乘	动	chéng	to ride, by
7.	旅馆	名	lǚguǎn	hotel
8.	倒（车）		dǎo (chē)	to change（bus）
9.	市政	名	shìzhèng	municipal
10.	一卡通	名	yìkǎtōng	kard
11.	立交桥	名	lìjiāoqiáo	overpass, flyover
12.	友好	形	yǒuhǎo	friendship
13.	当天	名	dàngtiān	the same day

熟读短语和句子

剧院	长安~　去长安~怎么走？
红绿灯	到~向右拐　　第一个~　　第三个~
劳驾	~，我打听一下，……？~，我打听一下，去首都电影院怎么走？~，我问一下……？~，我问一下，附近有邮局？
商场	百货~　　食品~　　副食~　　西单~
丁字路口	到~向左拐　　前边有一个~。
乘	~车　　~汽车　　~火车　　~飞机
旅馆	一家~　　住~　　找~　　哪个~　　你住哪个~？
倒	~车　　~两次车　　在哪儿~车？要~车吗？在动物园~车

| 市政 | ~交通一卡通　　买一张~交通一卡通
你有~交通一卡通吗？ |

| 立交桥 | 一座~　　前边有一座~　　过了~向左拐 |

| 友好 | 关系~　　态度~　　~的国家　　~的客人 |

| 当天 | ~去~回来　　~下午　　~晚上 |

 模仿

（一）功能会话：问路（1）

❶ A：小姐，请问去和平电影院怎么走？
　 B：顺马路一直往东走，到十字路口向右拐。
　 A：对不起，我没听清楚，请您再说一遍。
　 B：你顺着马路一直走，到十字路口向右拐。
　 A：谢谢。

❷ A：先生，请问去长安剧院怎么走？
　 B：顺这条路一直往前走，到第二个红绿灯向左拐。
　 A：对不起，我没听清楚，请您再说一遍。
　 B：你顺着这条路一直走，到第二个红绿灯向左拐。
　 A：谢谢。

第六课　问路

A：_____，请问去_____怎么走？

B：顺_____一直往_____走，到_____向_____拐。

A：对不起，我没听清楚，请您再说一遍。

B：你顺着_____一直走，到_____向_____拐。

A：谢谢。

拼音 Pīnyīn

❶ A：Xiǎojiě, qǐngwèn qù Hépíng Diànyǐngyuàn zěnme zǒu?

　B：Shùn mǎlù yìzhí wǎng dōng zǒu, dào shízìlùkǒu xiàng yòu guǎi.

　A：Duìbuqǐ, wǒ méi tīng qīngchu, qǐng nín zài shuō yí biàn.

　B：Nǐ shùnzhe mǎlù yìzhí zǒu, dào shízìlùkǒu xiàng yòu guǎi.

　A：Xièxie.

❷ A：Xiānsheng, qǐngwèn qù Cháng'ān Jùyuàn zěnme zǒu?

　B：Shùnzhe tiáo lù yìzhí wǎng qián zǒu, dào dì èr ge hónglǜdēng xiàng zuǒ guǎi.

　A：Duìbuqǐ, wǒ méi tīng qīngchu, qǐng nín zài shuō yí biàn.

　B：Nǐ shùnzhe zhè tiáo lù yìzhí zǒu, dào dì èr ge hónglǜdēng xiàng zuǒ guǎi.

　A：Xièxie.

❸ A：_____, qǐngwèn qù_____zěnme zǒu?

　B：Shùn_____yìzhí wǎng_____zǒu, dào_____xiàng_____guǎi.

　A：Duìbuqǐ, wǒ méi tīng qīngchu, qǐng nín zài shuō yí biàn.

　B：Nǐ shùnzhe_____yìzhí zǒu, dào_____xiàng_____guǎi.

A：Xièxie.

（二）功能会话：问路（2）

❶ A：劳驾，我打听一下儿，去王府井怎么坐车？

B：到马路对面，你坐690路到西单。

A：换车吗？

B：换1路或者4路，坐三站就到了。

A：谢谢。

❷ A：劳驾，我问一下儿，去西单商场坐几路车？

B：坐690路。

A：车站在哪儿？

B：前边，过了那个丁字路口就是。

A：谢谢。

❸ A：劳驾，我_____，去_____？

B：_____。

A：_____？

B：_____。

A：谢谢。

 拼音 Pīnyīn

❶ A：Láojià, wǒ dǎtīng yíxiàr, qù Wángfǔjǐng zěnme zuò chē?

B：Dào mǎlù duìmiàn, nǐ zuò liù jiǔ líng lù dào Xīdān.

A：Huàn chē ma?

B：Huàn yī lù huòzhě sì lù, zuò sān zhàn jiù dào le.

A：Xièxie.

❷ A：Láojià, wǒ wèn yíxiàr, qù Xīdān Shāngchǎng zuò jǐ lù chē?

B：Zuò liù jiǔ líng lù.

A：Chēzhàn zài nǎr?

B：Qiánbiān, guòle nà ge dīngzì lùkǒu jiù shì.

A：Xièxie.

❸ A：Láojià, wǒ_____, qù_____?

B：_____.

A：_____?

B：_____.

A：Xièxie.

（三）功能会话：看地图，问路

❶ A：劳驾，我打听一下儿，我们现在在哪儿？

B：你看，在这儿。你要去哪儿？

A：颐和园。

B：你从这儿乘690路汽车。

A：车站在哪儿？

B：前边，过马路就是。

❷ A：劳驾，我打听一下儿，我们的旅馆在哪儿？

B：你看，在这儿。你要去哪儿？

A：天安门。

B：你从这儿坐690路汽车。

A：要倒车吗？

B：到西单，倒1路或者4路。

❸ A：劳驾，我打听一下儿，_____在哪儿？

B：你看，在这儿。你要去哪儿？

A：_____。

B：你从这儿_____。

A：_____？

B：_____。

拼音 Pīnyīn

❶ A: Láojià, wǒ dǎtīng yíxiàr, wǒmen xiànzài zài nǎr?

B: Nǐ kàn, zài zhèr. Nǐ yào qù nǎr?

A: Yíhéyuán.

B: Nǐ cóng zhèr chéng liù jiǔ líng lù qìchē.

A: Chēzhàn zài nǎr?

B: Qiánbiān, guò mǎlù jiù shì.

❷ A: Láojià, wǒ dǎtīng yíxiàr, wǒmen de lǚguǎn zài nǎr?

B: Nǐ kàn, zài zhèr. Nǐ yào qù nǎr?

A: Tiān'ānmén.

B: Nǐ cóng zhèr zuò liù jiǔ líng lù qìchē.

A: Yào dǎo chē ma?

B: Dào Xīdān, dǎo yī lù huòzhě sì lù.

❸ A: Láojià, wǒ dǎting yíxiàr, _____ zài nǎr?

B: Nǐ kàn, zài zhèr. Nǐ yào qù nǎr?

A: _____.

B: Nǐ cóng zhèr _____.

A: _____?

B: _____.

（四）功能会话：提醒

❶ A：城里人多，车多，骑车千万小心。
　B：您放心吧，我会注意交通安全的。
　A：对了，这里跟英国不一样，骑车要走右边。
　B：谢谢，我知道了。

❷ A：公共汽车上人多，很挤，千万注意自己的钱包。
　B：您放心吧，我一定会注意的。
　A：对了，你得先买一张市政交通一卡通，从前门上车后门下车。
　B：谢谢，我知道了。

❸ A：_____，_____千万_____。
　B：您放心吧，我_____的。
　A：对了，_____。
　B：谢谢，我知道了。

 **拼音** Pīnyīn

❶ A：Chénglǐ rén duō, chē duō, qí chē qiānwàn xiǎoxīn.
　B：Nín fàng xīn ba, wǒ huì zhùyì jiāotōng ānquán de.
　A：Duì le, zhèli gēn Yīngguó bù yíyàng, qí chē yào zǒu yòubiān.
　B：Xièxie, wǒ zhīdao le.

❷ A：Gōnggòng qìchē shang rén duō, hěn jǐ, qiānwàn zhùyì zìjǐ de qiánbāo.
　B：Nín fàng xīn ba, wǒ yídìng huì zhùyì de.

A: Duì le, nǐ děi xiān mǎi yì zhāng shìzhèng jiāotōng yìkǎtōng, cóng qiánmén shàng chē hòumén xià chē.

B: Xièxie, wǒ zhīdao le.

3 A: _____, _____ qiānwàn _____.

B: Nín fàng xīn ba, wǒ _____ de.

A: Duì le, _____.

B: Xièxie, wǒ zhīdao le.

综合练习

（一）完成会话：彼得去赵林家，来到一个十字路口，不知道走哪条路，他向一个小学生问路

彼得：小同学，我问一下儿，去幸福大街_____？

学生：走这条路。一直往_____走，到和平电影院向_____拐。

彼得：远吗？

学生：不远。骑车大约_____就到了。

彼得：谢谢。

学生：_____。

（彼得走了很远，没看见和平电影院，他又问一个小姐。）

彼得：小姐，请问去_____走这条路对吗？

小姐：方向错了。你往回走，过了立交桥，路_____边有一个_____，从那儿向_____拐就是_____。

彼得：怪不得我没看见_____，我一直往_____看。谢谢你。

小姐：＿＿＿＿＿＿＿＿。

Bǐdé：Xiǎo tóngxué, wǒ wèn yíxiàr, qù Xìngfú Dàjiē＿＿＿＿＿＿＿?

Xuésheng：Zǒu zhè tiáo lù. Yìzhí wǎng＿＿＿＿zǒu, dào Hépíng Diànyǐngyuàn xiàng＿＿＿＿guǎi.

Bǐdé：Yuǎn ma?

Xuésheng：Bù yuǎn. Qí chē dàyuē＿＿＿＿jiù dào le.

Bǐdé：Xièxie.

Xuésheng：＿＿＿＿＿＿＿＿．

(Bǐdé zǒule hěn yuǎn, méi kànjiàn Hépíng Diànyǐngyuàn, tā yòu wèn yí ge xiǎojiě.)

Bǐdé：Xiǎojiě, qǐngwèn qù＿＿＿＿zǒu zhè tiáo lù duì ma?

Xiǎojiě：Fāngxiàng cuò le. Nǐ wǎng huí zǒu, guòle lìjiāoqiáo, lù＿＿＿＿biān yǒu yí ge＿＿＿＿, cóng nàr xiàng＿＿＿＿guǎi jiù shì＿＿＿＿.

Bǐdé：Guàibude wǒ méi kànjiàn＿＿＿＿, wǒ yìzhí wǎng＿＿＿＿kàn. Xièxie nǐ.

Xiǎojiě：＿＿＿＿＿＿＿．

（二）完成会话：山本要去动物园，他问王才怎么走

山本：王才，我想打听一下儿，去＿＿＿＿怎么走？

王才：坐车去还是＿＿＿＿去？

山本：坐车怎么走？

王才：去＿＿＿＿……坐公共汽车的话，可以先坐＿＿＿＿到西直门，然后换……我看看地图，然后换＿＿＿＿路无轨电车，到动物园下车。

山本：骑车呢？

王才：要是_____，走学院路到西直门，向右拐，骑_____
　　　_____就到了。

山本：你说，坐车好还是骑车好？

王才：_____，我看还是_____好。

山本：那好，听你的。

Shānběn: Wáng Cái, wǒ xiǎng dǎting yíxiàr, qù_____zěnme zǒu?

Wáng Cái: Zuò chē qù háishi_____qù?

Shānběn: Zuò chē zěnme zǒu?

Wáng Cái: Qù _____...zuò gōnggòng qìchē de huà, kěyǐ xiān zuò _____ dào Xīzhímén, ránhòu huàn... wǒ kànkan dìtú, ránhòu huàn_____ lù wúguǐ diànchē, dào dòngwùyuán xià chē.

Shānběn: Qí chē ne?

Wáng Cái: Yàoshì_____, zǒu Xuéyuànlù dào Xīzhímén, xiàng yòu guǎi, qí _____ jiù dào le.

Shānběn: Nǐ shuō, zuò chē hǎo háishi qí chē hǎo?

Wáng Cái: _____, wǒ kàn háishì _____ hǎo.

Shānběn: Nà hǎo, tīng nǐ de.

 课后练习

（一）课文：《山本正和金汉成看望大内上子》

　　大内上子生病住在中日友好医院。她给山本正发了一条短信。当天下午，山本和金汉成代表全班同学去医院看她。三点钟，他们来到

中日友好医院。

这家医院很大，环境很好。前面是门诊部和急诊室，后面是住院部。住院部旁边有一个很大的花园，病人们喜欢在这里休息、散步和聊天儿。

大内住在内科病房213号。山本正和金汉成找到内科病房，护士告诉他们，大内得的是感冒，经过打针吃药，现在已经好多了，明天就可以出院了。

护士小姐把他们带到大内的病房。金汉成说："我们代表全班同学来看望你，这是大家给你买的鲜花和水果。"山本正把大内的信和包裹单带来了。大内看见山本正和金汉成非常高兴。

（二）读后写出以上课文跟综合课第40课的课文有哪些不同

拼音

（一）Kèwén: *Dànèi hé Jīn Hànchéng Kànwàng Shānběn Zhèng*

    Dànèi Shàngzǐ shēng bìng zhù zài Zhōng Rì Yǒuhǎo Yīyuàn. Tā gěi Shānběn Zhèng fāle yì tiáo duǎnxìn. Dàngtiān xiàwǔ, Shānběn hé Jīn Hànchéng dàibiǎo quán bān tóngxué qù yīyuàn kàn tā. Sān diǎnzhōng, tāmen láidào Zhōng Rì Yǒuhǎo Yīyuàn.

    Zhè jiā yīyuàn hěn dà, huánjìng hěn hǎo. Qiánmiàn shì ménzhěnbù hé jízhěnshì, hòumiàn shì zhùyuànbù. Zhùyuànbù pángbiān yǒu yí ge hěn dà de huāyuán, bìngrénmen xǐhuan zài zhèlǐ xiūxi、sànbù hé liáotiānr.

    Dànèi zhùzài nèikē bìngfáng èr yī sān hào. Shānběn Zhèng hé Jīn Hànchéng zhǎodào nèikē bìngfáng, hùshì gàosu tāmen, Dànèi dé de shì gǎn mào, jīngguò dǎ zhēn chī yào, xiànzài yǐjīng hǎoduō le, míngtiān jiù kěyǐ chū yuàn le.

Hùshì xiǎojiě bǎ tāmen dàidào Dànèi de bìngfáng. Jīn Hànchéng shuō:"Wǒmen dàibiǎo quánbān tóngxué lái kànwàng nǐ, zhè shì dàjiā gěi nǐ mǎi de xiānhuā hé shuǐguǒ." Shānběn Zhèng bǎ Dànèi de xìn hé bāoguǒdān dàilái le. Dànèi kànjiàn Shānběn Zhèng hé Jīn Hànchéng fēicháng gāoxìng.

(二) Dú hòu xiěchū yǐshàng kèwén gēn zōnghékè dì 40 kè de kèwén yǒu nǎxiē bùtóng

第七课

理　发

 生词

1.	理发		lǐ fà	to have haircut or hair done
2.	剪	动	jiǎn	to cut
3.	手艺	名	shǒuyì	skill, handicraft
4.	烫	形、动	tàng	to scald; to have permanent wave
5.	抹	动	mǒ	to put on
6.	发乳	名	fàrǔ	fine-hair cream
7.	技术	名	jìshù	skill
8.	厚	形	hòu	thick
9.	薄	形	báo	thin
10.	按摩	动	ànmó	to massage
11.	发型	名	fàxíng	hair style
12.	焗油		jú yóu	to help the oil permeate the hair follicles
13.	精神	名、形	jīngshen	spirit; vigour, lively

第七课　理发

熟读短语和句子

| 理 | ~发　　~发店　　去~发店　　~发师　　女~发师
~得很好　　下次还请您~　　你~什么样的？　　~大点儿 |

| 剪 | ~发　　别~太短了　　~得很好　　~纸　　~指甲 |

| 手艺 | ~很好　　~不错　　你的~真不错。 |

| 烫 | ~发　　~头发　　~衣服　　水有点儿~
注意，别~着 |

| 抹 | ~油　　~发乳　　~口红　　~药水　　~擦手油 |

| 技术 | ~很好　　~不错　　你的~真好。理发的~
修理自行车的~　　修理手表的~ |

| 厚 | 很~　　太~　　这本词典真~。我的头发太~了。 |

| 薄 | 很~　　太~　　这本书很~。您给去去~吧。 |

按摩	头部~ 足部~ 全身~ 做做头部~。
发型	什么~ 改变~ 烫什么~? 我烫这种~。 你的~很新潮。
焗油	~吗？做做~吧。
精神	很~ 长得~ 越来越~ 这个小伙子真~。
吹	~风 ~风机 ~头发 请好好给我~~
刮	~脸 ~胡子 ~脸刀 ~得很干净 ~了半个小时

 模仿

（一）功能会话：理发 / 询问样式

❶ A：该谁了？
　B：该我了。
　A：坐在这儿。要什么样儿的？
　B：跟原来的一样。

❷ A：该谁了？

　　B：该我了。

　　A：来，坐这儿。大点儿小点儿？

　　B：大点儿，大点儿。快冬天了，天气冷了。

❸ A：该谁了？

　　B：_____。

　　A：来，坐这儿。_____？

　　B：_____。

拼音 Pīnyīn

❶ A：Gāi shuí le?

　　B：Gāi wǒ le?

　　A：Zuò zài zhèr. Yào shénmeyàngr de?

　　B：Gēn yuánlái de yíyàng.

❷ A：gāi shuí le?

　　B：gāi wǒ le.

　　A：Lái, zuò zhèr. Dà diǎnr xiǎo diǎnr?

　　B：Dà diǎnr, dà diǎnr. Kuài dōngtiān le, tiānqì lěng le.

❸ A：Gāi shuí le?

　　B：_____.

　　A：Lái, zuò zhèr._____?

　　B：_____?

（二）功能会话：理发/表示满意

❶ A：过来洗头。刮脸不刮？

　　B：刮。我每天自己刮，可是刮得不干净。

　　A：好，这次我给你刮干净一点儿。吹不吹风？

　　B：不吹。这儿不太齐，剪齐就行了。

　　A：好了，您看怎么样？

　　B：很好。剪得很齐，长短也合适。您的手艺真好。下次还来这儿理。

❷ A：过来刮脸。吹风不吹？

　　B：吹。每次吹风我都觉得有点儿烫。

　　A：是吗？这次凉一点儿。抹点儿发乳吧？

　　B：不抹了。只吹吹就行了。

　　A：好了，您看怎么样？

　　B：好极了。大小合适，样子也很好，您的技术真不错。下次还请您理。

❸ A：过来_____。_____不_____？

　　B：_____。_____。

　　A：_____。_____吧？

　　B：_____。_____。

　　A：好了，您看怎么样？

　　B：_____。下次还_____。

拼音 Pīnyīn

❶ A：Guòlái xǐ tóu. Guā liǎn bu guā?

　　B：Guā. Wǒ měitiān zìjǐ guā, kěshì guāde bù gānjìng.

A：Hǎo, zhè cì wǒ gěi nǐ guā gānjìng yìdiǎnr. Chuī bu chuī fēng?

B：Bù chuī. Zhèr bú tài qí, jiǎnqí jiù xíng le.

A：Hǎo le, nǐ kàn zěnmeyàng?

B：Hěn hǎo. Jiǎnde hěn qí, chángduǎn yě héshì. Nín de shǒuyi zhēn hǎo. Xià cì hái lái zhèr lǐ.

❷ A：Guòlái guā liǎn. Chuī fēng bu chuī?

B：Chuī. Měi cì chuī fēng wǒ dōu juéde yǒudiǎnr tàng.

A：Shì ma? Zhè cì liáng yìdiǎnr. Mǒ diǎnr fàrǔ ba?

B：Bù mǒ le. Zhǐ chuīchui jiù xíng le.

A：Hǎo le, nín kàn zěnmeyàng?

B：Hǎo jí le. Dàxiǎo héshì, yàngzi yě hěn hǎo, nín de jìshù zhēn bú cuò. Xià cì hái qǐng nín lǐ.

❸ A：Guòlái_____. _____bu_____?

B：_____. _____.

A：_____. _____ba?

B：_____. _____.

A：Hǎo le, nín kàn zěnmeyàng?

B：_____. Xià cì hái_____.

（三）功能会话：理发 / 赞美

❶ A：请里边坐。您剪发还是烫发？

B：剪发。也洗一洗。

A：剪短这么多，行吗？

B：行。我的头发太厚了，您给去去薄吧。

A：没问题。好啦，您现在看上去年轻了10岁。

B：是吗？您的手艺真不错。

❷ A：请这儿坐。您剪发还是烫发？

　　B：烫发。也做做头部按摩。

　　A：烫这种发型，好吗？

　　B：好。我的头发不太好，烫完以后您给做做焗油。

　　A：没问题。好啦，您看上去更漂亮了。

　　B：是吗？下次还到您这儿来。

❸ A：请这儿坐。_____还是_____？

　　B：_____。也_____。

　　A：_____，行吗？

　　B：行。_____。

　　A：没问题。好啦，您看上去更_____了。

　　B：是吗？_____。

 **拼音 Pīnyīn**

❶ A：Qǐng lǐbiān zuò. Nín jiǎn fà háishi tàng fà?

　　B：Jiǎn fà. Yě xǐ yi xǐ.

　　A：Jiǎnduǎn zhème duō，xíng ma?

　　B：Xíng. Wǒ de tóufa tài hòu le，nín gěi qùqu báo ba.

　　A：Méi wèntí. Hǎo la，nín xiànzài kàn shàngqu niánqīng le shí suì.

　　B：Shì ma? Nín de shǒuyi zhēn búcuò.

❷ A：Qǐng zhèr zuò. Nín jiǎn fà háishi tàng fà?

　　B：Tàng fà. Yě zuòzuo tóubù ànmó.

　　A：Tàng zhè zhǒng fàxíng，hǎo ma?

　　B：Hǎo. Wǒ de tóufa bú tài hǎo，tàngwán yǐhòu nín gěi zuòzuo júyóu.

　　A：Méi wèntí. Hǎo la，nín kàn shàngqu gèng piàoliang le.

　　B：Shì ma? Xià cì hái dào nín zhèr lái.

❸ A：Qǐng zhèr zuò._____ háishi_____？

B：_____. Yě_____.

A：_____，xíng ma？

B：Xíng. _____.

A：Méi wèntí. Hǎo la, nín kàn shàngqu gèng_____le.

B：Shì ma? _____.

综合练习

（一）完成会话：大内在理发店

理发员：小姐，请_____。你_____的？

大　内：我想改变一下儿发型，不知道_____好。

理发员：这本杂志上有_____，你看哪种好？

大　内：这里的样子没有我喜欢的。

理发员：能不能说说你的_____？

大　内：现在夏天了，天气_____，我要_____的。

理发员：你看，门口坐着的那位小姐，她的_____怎么样？

大　内：啊，我就喜欢那样的！

理发员：好，我就_____。

大　内：行。

理发员：好了。你看怎么样？

大　内：真不错。样子_____，长短也_____。多少钱？

理发员：25块。小姐看上去又_____又_____。

大　内：是您的技术好。谢谢您。

理发员：不客气，欢迎_____。

95

Lǐfàyuán: Xiǎojiě, qǐng_____. Nǐ_____de?

Dànèi: Wǒ xiǎng gǎibiàn yíxiàr fàxíng, bù zhīdao_____hǎo.

Lǐfàyuán: Zhè běn zázhì shang yǒu_____, nǐ kàn nǎ zhǒng hǎo?

Dànèi: Zhèli de yàngzi méiyǒu wǒ xǐhuan de.

Lǐfàyuán: Néng bu néng shuōshuo nǐ de_____?

Dànèi: Xiànzài xiàtiān le, tiānqi_____, wǒ yào_____ _____de.

Lǐfàyuán: Nǐ kàn, ménkǒu zuòzhe de nà wèi xiǎojiě, tā de_____ _____zenmeyang?

Dànèi: A, wǒ jiù xǐhuan nàyàng de!

Lǐfàyuán: Hǎo, wǒ jiù_____.

Dànèi: Xíng.

Lǐfàyuán: Hǎo le. Nǐ kàn zěnmeyàng?

Dànèi: Zhēn búcuò. Yàngzi_____chángduǎn yě_____ _____. Duōshao qián?

Lǐfàyuán: Èr shí wǔ kuài. Xiǎojiě kàn shàngqu yòu_____ _____yòu_____.

Dànèi: Shì nín de jìshù hǎo. Xièxie nín.

Lǐfàyuán: Bú kèqi, huānyíng_____.

（二）完成会话：山本在理发店

理发员：先生，理发吗？

山　本：_____。

理发员：请_____坐。还理这样的吗？

山　本：对。快到冬天了，别_____。

理发员：冬天留大点儿好。刮脸不刮？

山　本：_____。

理发员：你看，怎么样？

山　本：_____。

理发员：吹风吗？

山　本：_____。抹点儿_____吧。

理发员：好。你看，这样行吗？

山　本：好极了。您的手艺_____。

理发员：是你长得精神。

山　本：谢谢您。下次还_____。

理发员：欢迎再来。

Lǐfàyuán：Xiānsheng, lǐ fà ma?

Shānběn：_____.

Lǐfàyuán：Qǐng_____zuò. Hái lǐ zhèyàng de ma?

Shānběn：Duì. Kuài dào dōngtiān le, bié_____.

Lǐfàyuán：Dōngtiān liú dà diǎnr hǎo. Guā liǎn bu guā?

Shānběn：_____.

Lǐfàyuán：Nǐ kàn, zěnmeyàng?

Shānběn：_____.

Lǐfàyuán：Chuī fēng ma?

Shānběn：_____. Mǒ diǎnr_____ba.

Lǐfàyuán：Hǎo. Nǐ kàn, zhèyàng xíng ma?

Shānběn：Hǎo jí le. Nín de shǒuyi_____.

Lǐfàyuán：Shì nǐ zhǎngde jīngshen.

Shānběn：Xièxie nín. Xià cì hái _____.

Lǐfàyuán：Huānyíng zài lái.

四 课后练习

（一）课文：《工作时间理发》

张文在一家大公司工作，他常常在工作时间去理发。经理知道以后就想罚他的工资。

一天，张文正在理发店理发，经理进来了："好啊，张文！你为什么在工作时间来理发？这是违犯公司规定的！"

"经理先生，您别生气。"张文说："我在工作时间理发，是因为我的头发是在工作时间长的呀。"经理一听，更生气了："你胡说！你的头发不都是在工作时间长的。""是的，您说的完全正确。"张文很有礼貌地回答："所以我没有把头发全理光呀！"

（二）复述课文

拼音

（一）Kèwén: *Gōngzuò Shíjiān Lǐfà*

Zhāng Wén zài yì jiā dà gōngsī gōngzuò. Tā chángcháng zài gōngzuò shíjiān qù lǐ fà. Jīnglǐ zhīdao yǐhòu jiù xiǎng fá tā de gōngzī.

Yìtiān, Zhāng Wén zhèngzài lǐ fà diàn lǐ fà, Jīnglǐ jìnlai le: "Hǎo a, Zhāng Wén! Nǐ wèishénme zài gōngzuò shíjiān lái lǐ fà? Zhè shì wěifǎn gōngsī guīdìng de!"

"Jīnglǐ xiānsheng, nín bié shēng qì." Zhāng Wén shuō: "Wǒ zài gōngzuò shíjiān lǐ fà, shì yīnwèi wǒ de tóufa shì zài gōngzuò shíjiān zhǎng de ya." Jīnglǐ yì tīng, gèng shēng qì le: "Nǐ hú shuō! Nǐ de tóufa bù dōu shì zài gōngzuò shíjiān zhǎng de." "Shì de, nín shuō de wánquán zhèngquè." Zhāng Wén hěn yǒu lǐmào de huídá："Suǒyǐ wǒ méiyou bǎ tóufa quán lǐ guāng ya！"

（二）Fùshù kèwén

第八课

我的朋友

生词

1. 相识	动	xiāngshí	to be acquainted with each other
2. 相貌	名	xiàngmào	facial features
3. 身材	名	shēncái	stature, figure
4. 苗条	形	miáotiáo	slim, slender
5. 细	形	xì	thin
6. 眉毛	名	méimao	eyebrow
7. 鼻梁	名	bíliáng	bridge of the nose
8. 嘴唇	名	zuǐchún	lip
9. 酒窝	名	jiǔwō	dimple
10. 小伙子	名	xiǎohuǒzi	lad, young fellow
11. 浓	形	nóng	thick
12. 交往	动	jiāowǎng	to associate
13. 魁梧	形	kuíwú	big and tall
14. 皮肤	名	pífū	skin

第八课　我的朋友

熟读短语和句子

相识	你们是什么时候~的？　我们是去年~的。　你们是在哪儿~的？　我们是在公园~的。
相貌	山本正的~　艾米的~　~很好　~特别　~平常
身材	~很好　~很苗条　~很高　~不高
苗条	~的身材　身材很~　~的姑娘　长得很~　又漂亮又~
细	~眉毛　~皮肤　眉毛很~　皮肤很~　心很~
眉毛	细~　浓~　弯弯的~　长长的~　好看的~
鼻梁	高~　直~
酒窝	两个~　脸上一边一个~　小~

小伙子	身材魁梧的~　身体强壮的~　身材很高的~ 热情的~　聪明的~　长得很精神的~
浓	~眉毛　~茶　~咖啡　~云　兴趣很~　~眉大眼
交往	跟朋友~　跟山本正~　跟艾米~　跟女朋友~ 跟男朋友~　你们~了多长时间？我们~了两年。
魁梧	~的身材　身材很~
皮肤	白~　黄~　黑~　白白的~　~很白　~很细
平常	相貌~　相貌~的小伙子　相貌~的姑娘　~的人 ~的事

 模仿

（一）功能项目：谈相识

① 我有一个中国朋友叫王小红。她今年20岁，在我们学校外语学院学习英语。我们是在一个朋友的生日晚会上认识的。

❷ 我有一个中国朋友叫方云天。他今年19岁，在我们学校外语学院学习日语。我们俩是在食堂吃饭的时候认识的。

❸ 我有一个_____叫_____。他/她今年_____岁，在_____。我们是在_____认识的。

拼音 Pīnyīn

❶ Wǒ yǒu yí ge Zhōngguó péngyou jiào Wáng Xiǎohóng. Tā jīnnián èr shí suì, zài wǒmen xuéxiào wàiyǔ xuéyuàn xuéxí yīngyǔ. Wǒmen shì zài yí ge péngyou de shēngrì wǎnhuì shang rènshi de.

❷ Wǒ yǒu yí ge Zhōngguó péngyou jiào Fāng Yúntiān. Tā jīnnián shí jiǔ suì, zài wǒmen xuéxiào wàiyǔ xuéyuàn xuéxí rìyǔ. Wǒmen liǎ shì zài shítáng chī fàn de shíhou rènshi de.

❸ Wǒ yǒu yí ge_____jiào_____. Tā jīnnián_____suì, zài_____. Wǒmen shì zài_____rènshi de.

（二）功能项目：谈相貌

❶ 王小红是个很漂亮的姑娘，高高的个子，身材苗条，细眉毛，大眼睛，高鼻梁，红嘴唇，笑的时候脸上一边一个酒窝。

❷ 方云天是个非常帅的小伙子，高高的个子，身体强壮，浓眉毛，大眼睛，高鼻梁，厚嘴唇，他说话的时候常常脸红。

❸ _____ 是个 _____ 他/她 _____
   _____。

拼音 Pīnyīn

❶ Wáng Xiǎohóng shì ge hěn piàoliang de gūniang, gāogao de gèzi, shēncái miáotiáo, xì méimao, dà yǎnjing, gāo bíliáng, hóng zuǐchún, xiào de shíhou liǎn shang yìbiān yí ge jiǔwō.

❷ Fāng Yúntiān shì ge fēicháng shuài de xiǎohuǒzi, gāogāo de gèzi, shēntǐ qiángzhuàng, nóng méimao, dà yǎnjing, gāo bíliáng, hòu zuǐchún, Tā shuō huà de shíhou chángcháng liǎn hóng.

❸ _____ shì ge _____,
   tā / tā _____, _____。

（三）功能项目：谈爱好

❶ 王小红有很多爱好。唱歌、跳舞、打球、游泳，她都喜欢。她流行歌曲唱得好极了，每次节日晚会她都唱几首，很受大家欢迎。

❷ 方云天的爱好不太多。我知道他特别喜欢京剧，爱听、爱唱。他唱京剧唱得好极了，每次开晚会的时候，大家都欢迎他唱两段。

❸ _____ 的爱好 _____。我知道他特别喜欢 _____， _____。

拼音 Pīnyīn

❶ Wáng Xiǎohóng yǒu hěn duō àihào. Chàng gē、tiào wǔ、dǎ qiú、yóuyǒng, tā dōu xǐhuan. Tā liúxíng gēqǔ chàng de hǎo jí le, měi cì jiérì wǎnhuì tā dōu chàng jǐ shǒu, hěn shòu dàjiā huānyíng.

❷ Fāng Yúntiān de àihào bú tài duō. Wǒ zhīdao tā tèbié xǐhuan jīngjù, ài tīng、ài chàng. Tā chàng jīngjù chàng de hǎo jí le, měi cì kāi wǎnhuì de shíhou, dàjiā dōu huānyíng tā chàng liǎng duàn.

❸ _____de àihào_____. Wǒ zhīdao tā tèbié xǐhuan _____,_____.

(四) 功能项目：谈交往

❶ 王小红的英语还不太流利，但是比我的汉语好。现在我们常常一起学习，互相帮助。她帮助我汉语，我帮助她英语。我们两个人都有练习的机会，我觉得这样学习很好。

❷ 方云天会说一点儿日语，但是还不太流利。我的汉语比他的日语好一点儿。现在我们常常在一起学习，互相帮助。他帮助我汉语，我帮助他日语。我很喜欢跟他在一起学习。

❸ _____会说_____，他/她说得_____。现在我们常常在一起_____。我_____。

 拼音 Pīnyīn

❶ Wáng Xiǎohóng de yīngyǔ hái bú tài liúlì, dànshì bǐ wǒ de Hànyǔ hǎo. Xiànzài wǒmen chángcháng yìqǐ xuéxí, hùxiāng bāngzhù. Tā bāngzhù wǒ Hànyǔ, wǒ bāngzhù tā Yīngyǔ. Wǒmen liǎng ge rén dōu yǒu liànxí de jīhuì, wǒ juéde zhèyàng xuéxí hěn hǎo.

❷ Fāng Yúntiān huì shuō yìdiǎnr Rìyǔ, dànshì hái bú tài liúlì. Wǒ de Hànyǔ bǐ tā de Rìyǔ hǎo yìdiǎnr. Xiànzài wǒmen chángcháng zài yìqǐ xuéxí, hùxiāng bāngzhù. Tā bāngzhù wǒ Hànyǔ, wǒ bāngzhù tā Rìyǔ. Wǒ hěn xǐhuan gēn tā zài yìqǐ xuéxí.

❸ _____ huì shuō _____, Tā shuō de _____. Xiànzài wǒmen chángcháng zài yìqǐ _____. Wǒ _____.

 综合练习

(一) 介绍山本正

　　我有一个日本朋友叫_____。他今年_____岁,在我们学校_____学院学习_____。我们是在_____认识的。

　　山本正是个相貌平常的小伙子。他个子_____,但是很魁梧。他的头_____,头发很_____,嘴唇很_____,牙齿很_____。一说话就_____。

第八课　我的朋友

　　山本正喜欢_____，他还喜欢_____，常常去卡拉OK歌厅唱歌。

　　山本正_____才开始学习汉语。他学习很_____，进步很_____。他常常来我的_____问我问题，跟我谈话。有时候我也去_____，跟他聊天儿。

　　Wǒ yǒu yí ge Rìběn péngyou jiào_____. Tā jīnnián_____ _____ suì, zài wǒmen xuéxiào_____ xuéyuàn xuéxí _____. Wǒmen shì zài_____ rènshi de.

　　Shānbě Zhèng shì ge xiàngmào píngcháng de xiǎohuǒzi. Tā gèzi_____, dànshì hěn kuíwǔ. Tā de tóu_____, tóufa hěn_____, zuǐchún hěn_____, yáchǐ hěn _____. Yì shuō huà jiù_____.

　　Shānběn Zhèng xǐhuan_____, tā hái xǐhuan_____ _____, chángcháng qù kǎlā OK gētīng chàng gē.

　　Shānběn Zhèng _____ cái kāishǐ xuéxí Hànyǔ. Tā xuéxí hěn_____, jìnbù hěn_____. Tā chángcháng lái wǒ de_____ wèn wǒ wèntí, gēn wǒ tán huà. Yǒu shíhou wǒ yě qù_____, gēn tā liáotiānr.

（二）介绍艾米

　　我有一个美国朋友叫_____。她今年_____岁，在_____学习_____。我们是在_____认识的。

　　艾米是个非常漂亮的_____。她中等个儿，_____ _____头发，_____眼睛，_____鼻子，_____ _____皮肤，_____的身材。她说话的声音_____ _____。

艾米的爱好很多。她喜欢_____，也喜欢_____，还喜欢_____。她_____得很_____。她常常_____。

艾米汉语说得_____。她的_____不错，可是汉字_____。我们常常在一起学习，互相帮助。她帮助我_____，我帮助她_____。我跟她在一起非常愉快。

Wǒ yǒu yí ge Měiguó péngyou jiào_____. Tā jīnnián_____ suì, zài_____ xuéxí_____. Wǒmen shì zài _____ rènshi de.

Àimǐ shì ge fēicháng piàoliang de_____. Tā zhōngděng gèr, _____ tóufà, _____ yǎnjing, _____ bízi, _____ pífū, _____ de shēncái. Tā shuō huà de shēngyīn_____.

Àimǐ de àihào hěn duō. Tā xǐhuan_____, yě xǐhuan _____, hái xǐhuan_____. Tā_____ de hěn _____. Tā chángcháng_____.

Àimǐ Hànyǔ shuōde_____. Tā de_____ búcuò, kěshì hànzì_____. Wǒmen chángcháng zài yìqǐ xuéxí, hùxiāng bāngzhù. Tā bāngzhù wǒ_____, wǒ bāngzhù tā _____. Wǒ gēn tā zài yìqǐ fēicháng yúkuài.

 **四 课后练习**

（一）准备发言稿：按照"相识——相貌——爱好——交往"介绍一位中国朋友

（二）准备发言稿：按照"相识——相貌——爱好——交往"介绍一位外国朋友

拼音

（一）Zhǔnbèi fāyángǎo：ànzhào "xiāngshí——xiàngmào——àihào——jiāowǎng" jièshào yí wèi Zhōngguó péngyou

（二）Zhǔnbèi fāyángǎo：ànzhào "xiāngshí——xiàngmào——àihào——jiāowǎng" jièshào yí wèi wàiguó péngyou

第九课

喜欢上网

一 生词

1. 宽带	名	kuāndài	broadband
2. 博客	名	bókè	blog
3. 搜索	动	sōusuǒ	to look up
4. 在线	动	zàixiàn	on-line, on the internet
5. 小儿科	名	xiǎo'érkē	paediatrics, easy picking
6. 上瘾		shàng yǐn	to be addicted to sth
7. 刺激	动	cìjī	to atimulate
8. 邮箱	名	yóuxiāng	mailbox
9. 删除	动	shānchú	to delete
10. 回复	动	huífù	to reply
11. 附件	名	fùjiàn	appendix, annex
12. 摄像头	名	shèxiàngtóu	camera
13. 视频	名	shìpín	video

第九课　喜欢上网

熟读短语和句子

| 宽带 | 安装～　已经安装了～　安装～以后上网的速度快多了。 |

| 博客 | 写～　发表～　这是我的～ |

| 搜索 | ～歌曲　～电影　～文章　在网上～　～到两首好听的歌曲　～到一个好看的电影 |

| 在线 | ～试看　～试听　～聊天儿 |

| 小儿科 | ～的游戏　玩儿～的游戏　去～看病 |

| 上瘾 | 玩儿游戏～　抽烟～　喝酒～　打麻将～ |

| 刺激 | ～的游戏　～的电影　～的音乐　很～　真～ |

| 邮箱 | 我的～　我的～满了。 |

删除	~文件　~附件　~不重要的邮件
回复	~他的邮件　他~你的邮件了吗？收到艾米的~ 收到贝拉的~
附件	放在~里　删除~　有~　没有~　~很长
摄像头	安装~　买~　买一个~　~很便宜
视频	~聊天儿　~线　红的是~线　绿的是音频线

 模仿

（一）功能项目：谈上网

① 　　我喜欢上网，有的时候上新浪网，有的时候上搜弧网。不过，我最喜欢上的是我们学校的校园网。我们的房间已经安装了宽带，速度非常快。在安装宽带以前，我用adsl上网。我在网上看看新闻、收发邮件什么的，最近我还迷上了玩儿游戏。

② 　　我喜欢上网，有的时候上谷歌网，有的时候上百度网。不过，我最喜欢上的是雅虎网。我们的宿舍已经安装了宽带，速度非常快。在安装

第九课 喜欢上网

宽带以前，我用adsl上网。我在网上跟国外的朋友聊天，玩儿游戏什么的，最近我还迷上了写博客。

❸　我喜欢上网，有的时候上_____网，有的时候上_____网。不过，我最喜欢上的是_____网。我们的宿舍已经安装了宽带，速度非常快。在安装宽带以前，我用adsl上网。我在网上_____什么的，最近我还迷上_____。

拼音 Pīnyīn

❶　Wǒ xǐhuan shàng wǎng, yǒude shíhou shàng xīnlàng wǎng, yǒude shíhou shàng sōuhú wǎng. Búguò, wǒ zuì xǐhuan shàng de shì wǒmen xuéxiào de xiàoyuán wǎng. Wǒmen de fángjiān yǐjīng ānzhuāng le kuāndài, sùdù fēicháng kuài. Zài ānzhuāng kuāndài yǐqián, wǒ yòng adsl shàng wǎng. Wǒ zài wǎngshang kànkan xīnwén、shōufā yóujiàn shénmede, zuìjìn wǒ hái míshàng le wánr yóuxì.

❷　Wǒ xǐhuan shàng wǎng, yǒude shíhou shàng gǔgē wǎng, yǒude shíhou shàng bǎidù wǎng. Búguò, wǒ zuì xǐhuan shàng de shì yǎhǔ wǎng. Wǒmen de sùshè yǐjīng ānzhuāng le kuāndài, sùdù fēicháng kuài. Zài ānzhuāng kuāndài yǐqián, wǒ yòng adsl shàng wǎng. Wǒ zài wǎngshang gēn guówài de péngyou liáotiān, wánr yóuxì shénmede, zuìjìn wǒ hái míshàng le xiě bókè.

❸　Wǒ xǐhuan shàng wǎng, yǒude shíhou shàng_____wǎng, yǒude shíhou shàng_____wǎng. Búguò, wǒ zuì xǐhuan shàng de shì_____wǎng. Wǒmen de sùshè yǐjīng ānzhuāng le kuāndài, sùdù fēicháng kuài. Zài ānzhuāng kuāndài yǐqián, wǒ yòng adsl shàng wǎng. Wǒ zài wǎngshang_____ shénmede, zuìjìn wǒ hái mí shàng le_____.

（二）功能项目：谈下载

❶ 　　我喜欢听音乐，中国的、外国的我都喜欢听，特别是流行歌曲我更喜欢。我常常在百度网上搜索，那儿的歌曲特别全，而且是免费下载。当然，也有的歌不能下载，只能在线试听。百度网下载歌曲速度非常快，下载一首歌只要一两分钟。今天我又搜索到两首好听的歌曲，我把它们下载到我的MP3上了。

❷ 　　我喜欢看电影，中国的、外国的我都喜欢看，特别是爱情电影我更喜欢。我常常在谷歌网上搜索，那儿的电影特别全，而且是免费下载。当然，也有的电影不能下载，只能在线试看。谷歌网下载电影速度比较快，下载一个电影需要半个小时。今天我又搜索到一个好看的电影，我把它们下载到我的MP4上了。

❸ 　　我喜欢_____，_____的、_____的我都喜欢_____，特别是_____我更喜欢。我常常在_____网上搜索，那儿的_____特别全，而且是免费下载。当然，也有的_____不能下载，只能_____。_____网下载_____速度_____，下载_____需要_____。今天我又搜索到_____，我把它们下载到_____了。

第九课　喜欢上网

拼音 Pīnyīn

❶　　Wǒ xǐhuan tīng yīnyuè, Zhōngguó de、wàiguó de wǒ dōu xǐhuan tīng, tèbié shì liúxíng gēqǔ wǒ gèng xǐhuan. Wǒ chángcháng zài bǎidù wǎng shang sōusuǒ, nàr de gēqǔ tèbié quán, érqiě shì miǎnfèi xiàzǎi. Dāngrán, yě yǒude gē bù néng xiàzǎi, zhǐnéng zàixiàn shì tīng. Bǎidù wǎng xiàzǎi gēqǔ sùdù fēicháng kuài, xiàzǎi yì shǒu gē zhǐyào yì liǎng fēnzhōng. Jīntiān wǒ yòu sōusuǒ dào liǎng shǒu hǎotīng de gēqǔ, wǒ bǎ tāmen xiàzǎi dào wǒ de MP3 shang le.

❷　　Wǒ xǐhuan kàn diànyǐng, Zhōngguó de、wàiguó de wǒ dōu xǐhuan kàn, tèbié shì àiqíng diànyǐng wǒ gèng xǐhuan. Wǒ chángcháng zài gǔgē wǎng shang sōusuǒ, nàr de diànyǐng tèbié quán, érqiě shì miǎnfèi xiàzǎi. Dāngrán, yě yǒude diànyǐng bù néng xiàzǎi, zhǐnéng zàixiàn shì kàn. Gǔgē wǎng xiàzǎi diànyǐng sùdù bǐjiào kuài, xiàzǎi yí ge diànyǐng xūyào bàn ge xiǎoshí. Jīntiān wǒ yòu sōusuǒ dào yí ge hǎokàn de diànyǐng, wǒ bǎ tāmen xiàzǎi dào wǒ de MP4 shang le.

❸　　Wǒ xǐhuan_____, _____de、_____de wǒ dōu xǐhuan_____, tèbié shì_____wǒ gèng xǐhuan. Wǒ chángcháng zài _____wǎng shang sōusuǒ, nàr de_____tèbié quán, érqiě shì miǎnfèi xiàzǎi. Dāngrán, yě yǒude_____bù néng xiàzǎi, zhǐnéng_____. _____wǎng xiàzǎi_____sùdù_____, xiàzǎi_____xūyào_____. Jīntiān wǒ yòu sōusuǒ dào_____, wǒ bǎ tāmen xiàzǎi dào_____le.

（三）功能项目：谈玩儿游戏

1 今天我从网上下载了一个足球游戏软件。我正玩儿得高兴的时候丁兰来了。她说："你怎么还玩儿这种小儿科的游戏？"我告诉她，只是休息的时候玩儿一玩儿，不想动脑子。丁兰是网络游戏的高手。她参加过网络游戏比赛，得过第三名。她要教我玩儿点儿高级的。我不敢学，我怕上瘾。

2 今天我从网上下载了一个扑克游戏软件。我正玩儿得高兴的时候王才来了。他说："你怎么还玩儿这种初级的游戏？"我告诉他，只是休息的时候玩儿一玩儿，不想动脑子。王才是网络游戏的高手。他参加过网络游戏比赛，得过第二名。他要教我玩儿点儿刺激的。我不敢学，我怕上瘾。

3 今天我从网上下载了一个_____游戏软件。我正玩儿得高兴的时候_____来了。她说："你怎么还玩儿这种_____游戏？"我告诉她，只是休息的时候玩儿一玩儿，不想动脑子。_____是网络游戏的高手。她参加过网络游戏比赛，得过_____。她要教我玩儿点儿_____的。我不敢学，我怕上瘾。

拼音 Pīnyīn

1 Jīntiān wǒ cóng wǎngshang xiàzǎi le yí ge zúqiú yóuxì ruǎnjiàn. Wǒ zhèng wánr de gāoxìng de shíhou Dīng Lán lái le. Tā shuō: "Nǐ zěnme hái wánr zhè zhǒng xiǎo'érkē de yóuxì?" Wǒ gàosu tā, zhǐshì xiūxi de shíhou wánr yi wánr, bù xiǎng dòng nǎozi. Dīng Lán shì wǎngluò yóuxì de gāoshǒu. Tā cānjiā guo wǎngluò yóuxì bǐsài, dé guo dì sān míng. Tā yào jiāo wǒ wánr diǎnr gāojí de. Wǒ bù gǎn xué, wǒ pà shàng yǐn.

第九课　喜欢上网

❷　　Jīntiān wǒ cóng wǎngshang xiàzǎi le yī ge pūkè yóuxì ruǎnjiàn. Wǒ zhèng wánr de gāoxìng de shíhou Wáng Cái lái le. Tā shuō："Nǐ zěnme hái wánr zhè zhǒng chūjí de yóuxì？" Wǒ gàosu tā, zhǐshì xiūxi de shíhou wánr yi wánr, bù xiǎng dòng nǎozi. Wáng Cái shì wǎngluò yóuxì de gāoshǒu. Tā cānjiā guo wǎngluò yóuxì bǐsài, dé guo dì èr míng. Tā yào jiāo wǒ wánr diǎnr cìjī de. Wǒ bù gǎn xué, wǒ pà shàng yǐn.

❸　　Jīntiān wǒ cóng wǎngshang xiàzǎi le yī ge ＿＿＿＿＿ yóuxì ruǎnjiàn. Wǒ zhèng wánr de gāoxìng de shíhou ＿＿＿＿＿ lái le. Tā shuō："Nǐ zěnme hái wánr zhè zhǒng ＿＿＿＿＿ yóuxì？" Wǒ gàosu tā, zhǐshì xiūxi de shíhou wánr yi wánr, bù xiǎng dòng nǎozi. ＿＿＿＿＿ shì wǎngluò yóuxì de gāoshǒu. Tā cānjiā guo wǎngluò yóuxì bǐsài, déguo ＿＿＿＿＿. Tā yào jiāo wǒ wánr diǎnr ＿＿＿＿＿ de. Wǒ bù gǎn xué, wǒ pà shàng yǐn.

（四）功能项目：谈收发邮件

❶　　刚才我给艾米发了一封邮件，把我们旅行照的照片给她寄去。过了一会儿，邮件被退回来了。我又发了一遍，还是发不出去。这时候王才来了。我问他这是怎么回事。他说："是不是你的邮箱太满了？"我把不重要的邮件删除了一些。这回发出去了。一会儿，我收到了艾米的回复。

❷　　刚才我给贝拉发了一封邮件，把我从网上下载的一篇文章给她寄去。过了一会儿，邮件被退回来。我又发了一遍，还是发不出去。这时候丁兰来了。我问她这是怎么回事。她说："可能是你的附件太大了。"我把附件的内容分成三个部分，分三次发。这回发出去了。一会儿，我收到了贝拉的回复。

❸ 刚才我给＿＿＿＿＿发了一封邮件，把＿＿＿＿＿给她寄去。过了一会儿，邮件被退回来。我又发了一遍，还是发不出去。这时候＿＿＿＿＿来了。我问他这是怎么回事。他说："＿＿＿＿＿"我把＿＿＿＿＿。这回发出去了。一会儿，我收到了＿＿＿＿＿的回复。

拼音 Pīnyīn

❶ Gāngcái wǒ gěi Àimǐ fā le yì fēng yóujiàn, bǎ wǒmen lǚxíng zhào de zhàopiàn gěi tā jìqù. Guòle yíhuìr, yóujiàn bèi tuì huílai. Wǒ yòu fā le yí biàn, háishì fā bù chūqu. Zhè shíhou Wáng Cái lái le. Wǒ wèn tā zhè shì zěnme huí shì. Tā shuō: "Shì bu shì nǐ de yóuxiāng tài mǎn le?" Wǒ bǎ bú zhòngyào de yóujiàn shānchú le yìxiē. Zhè huí fā chūqu le. Yíhuìr, wǒ shōudào le Àimǐ de huífù.

❷ Gāngcái wǒ gěi Bèilā fāle yì fēng yóujiàn, bǎ wǒ cóng wǎngshang xiàzǎi de yì piān wénzhāng gěi tā jìqù. Guòle yíhuìr, yóujiàn bèi tuì huílai. Wǒ yòu fā le yí biàn, háishì fā bù chūqu. Zhè shíhou Dīng Lán lái le. Wǒ wèn tā zhè shì zěnme huí shì. Tā shuō: "Kěnéng shì nǐ de fùjiàn tài dà le." Wǒ bǎ fùjiàn de nèiróng fēnchéng sān ge bùfen, fēn sān cì fā. Zhè huí fā chūqu le. Yíhuìr, wǒ shōudào le Bèilā de huífù.

❸ Gāngcái wǒ gěi＿＿＿＿＿fāle yì fēng yóujiàn, bǎ＿＿＿＿＿gěi tā jìqù. Guòle yíhuìr, yóujiàn bèi tuì huílai. Wǒ yòu fāle yí biàn, háishì fā bù chūqu. Zhè shíhou＿＿＿＿＿lái le. Wǒ wèn tā zhè shì zěnme huí shì. Tā shuō: "＿＿＿＿＿" Wǒ bǎ＿＿＿＿＿. Zhè huí fā chūqu le. Yíhuìr, wǒ shōudào le＿＿＿＿＿de huífù.

第九课 喜欢上网

综合练习

（一）完成会话：艾米和大内谈上网聊天儿

艾米：你现在还给_____打电话吗？

大内：打。我_____打一次国际长途。真的好贵啊！

艾米：你可以用别的方法，比如上网聊天儿。

大内：这是个_____，不过上网聊天儿只能看到_____，听不见_____。

艾米：你从网上下载MSN软件，再安装一个摄像头，就可以视频聊天儿了，既有_____又有图像。

大内：上网聊天儿_____吗？

艾米：免费的。我现在每天上网聊天儿交了_____，有男的也有女的，有中国的也有外国的。

大内：是吗？

艾米：我每天都跟网友视频聊天儿，口语水平_____。

Àimǐ： Nǐ xiànzài hái gěi_____dǎ diànhuà ma?

Dànèi： Dǎ. Wǒ_____dǎ yí cì guójì chángtú. Zhēn de hǎo guì a!

Àimǐ： Nǐ kěyǐ yòng bié de fāngfǎ, bǐrú shàng wǎng liáo tiānr.

Dànèi： Zhè shì ge_____, búguò shàng wǎng liáo tiānr zhǐnéng kàndào_____, tīng bú jiàn_____.

Àimǐ： Nǐ cóng wǎngshang xiàzǎi MSN ruǎnjiàn, zài ānzhuāng yí ge shèxiàngtóu, jiù kěyǐ shìpín liáo tiānr le, jì yǒu_____ _____yòu yǒu túxiàng.

Dàněi： shàng wǎng liáo tiānr_____ma?

Àimǐ: Miǎnfèi de. Wǒ xiànzài měitiān shàng wǎng liáo tiānr jiāo le＿＿＿＿＿, yǒu nán de yě yǒu nǚ de, yǒu Zhōngguó de yě yǒu wàiguó de.

Dàněi: Shì ma?

Àimǐ: Wǒ měitiān dōu gēn wǎngyǒu shìpín liáo tiānr, kǒuyǔ shuǐpíng＿＿＿＿＿.

（二）填空并复述

来＿＿＿＿＿以后，我通过上网聊天儿＿＿＿＿＿。最近，我从网上下载了MSN，安装了摄像头，每天都可以跟我的网友视频聊天儿了，不仅能够＿＿＿＿＿还能＿＿＿＿＿。

Lái＿＿＿＿＿ yǐhòu, wǒ tōngguò shàng wǎng liáo tiānr ＿＿＿＿＿. Zuìjìn, wǒ cóng wǎngshang xiàzǎi le MSN, ānzhuāng le shèxiàngtóu, měitiān dōu kěyǐ gēn wǒ de wǎngyǒu shìpín liáo tiānr le, bùjǐn nénggòu＿＿＿＿＿ hái néng＿＿＿＿＿.

四 课后练习

（一）准备发言稿：谈谈你上网时遇到的生词，至少5个

（二）准备发言稿：谈谈你上网的经历

拼音

（一）Zhǔnbèi fāyángǎo: Tántan nǐ shàng wǎng shí yùdào de shēng cí, zhìshǎo 5 ge

（二）Zhǔnbèi fāyángǎo: Tántan nǐ shàng wǎng de jīnglì

第十课

告 别

二 生词

1. 告别	动	gào bié	to say good-bye
2. 海鲜	名	hǎixiān	seafood
3. 镜子	名	jìngzi	mirror
4. 碧波荡漾		bìbō-dàngyàng	There are ripples on the lake.
5. 亭台楼阁	名	tíngtái-lóugé	pavilion and building
6. 湖光山色	名	húguāng-shānsè	beautiful scenery of mountains and lakes
7. 皇帝	名	huángdì	emperor
8. 家族	名	jiāzú	family
9. 娱乐	动	yúlè	entertainment
10. 舍不得	动	shěbude	to grudge doing
11. 严厉	形	yánlì	severe
12. 福气	名	fúqi	good fortune
13. 登机		dēng jī	to get on a plane
14. 联系	动、名	liánxì	to contact, conneced

第十课 告别

熟读短语和句子

| 告别 | 跟老师~ 跟朋友~ ~母校 ~北京 ~宴会 ~晚宴
我向您~来了。 |

| 海鲜 | 买~ 吃~ 喜欢吃~ 请你吃~ |

| 镜子 | 一面~ 大~ 照~ 常常照~ 湖水像一面~。
昆明湖好像一面大~。 |

| 碧波荡漾 | 湖水~ 西湖~ 昆明湖~ |

| 亭台楼阁 | 山上有~ 近处有~ ~漂亮极了 |

| 湖光山色 | 美丽的~ ~非常漂亮 |

| 皇帝 | ~住的地方 故宫是~住的地方 颐和园是~游玩的地方。~~~ |

| 家族 | 皇帝和他的~ 故宫是皇帝和他的~住的地方。
颐和园是皇帝和他的~游玩的地方。 |

| 娱乐 | ~的场所　现在颐和园是普通人~和休息的场所。
~活动　你们有什么~活动？ |

| 舍不得 | ~离开　分别　~老师　~同学　~买　~花钱 |

| 严厉 | ~的态度　态度很~　对学生很~　太~了　不要太~ |

| 福气 | 有~　是我的~　跟你交朋友是我的~。
作您的学生是我的~。 |

| 登机 | 几点~　5点~　办~手续　该~了。 |

| 联系 | 有~　没有~　保持~　跟老师有~　来北京以前跟我~。
你跟山本正有~吗？ |

 模仿

（一）功能项目：谈旅行经过

1. A：你们这次山东之行怎么样？
   B：我们这次去山东旅行，先到曲阜参观孔府、孔庙、孔林，然后去登泰山、看日出，接着去了青岛海滨，在那里游泳、吃海鲜、看民族歌舞，最后来到济南，参观了趵突泉、珍珠泉，还游览了大明湖。

❷ A：你们这次南方之行怎么样？

B：我们这次去南方旅行，先到南京参观中山陵、玄武湖和雨花台，然后去苏州参观苏州园林和寒山寺，接着去杭州游西湖、喝龙井、吃西湖醋鱼，最后来到上海，游览了南京路、外滩，还参观了鲁迅故居和孙中山故居。

❸ A：你们这次_____之行怎么样？

B：我们这次去_____旅行，先到_____，然后_____，接着_____，最后_____。

拼音 Pīnyīn

❶ A：Nǐmen zhè cì Shāndōng zhī xíng zěnmeyàng?

B：Wǒmen zhè cì qù Shāndōng lǚxíng, xiān dào Qūfù cānguān Kǒngfǔ、Kǒngmiào、Kǒnglín, ránhòu qù dēng Tàishān、kàn rì chū, jiēzhe qùle Qīngdǎo hǎibīn, zài nàlǐ yóuyǒng、chī hǎixiān、kàn mínzú gēwǔ, zuìhòu láidào Jǐnán, cānguān le Bàotūquán、Zhēnzhūquán, hái yóulǎn le Dàmínghú.

❷ A：Nǐmen zhè cì nánfāng zhī xíng zěnmeyàng?

B：Wǒmen zhè cì qù nánfāng lǚxíng, xiān dào Nánjīng cānguān Zhōngshānlíng、Xuánwǔhú hé Yǔhuātái, ránhòu qù Sūzhōu cānguān Sūzhōu yuánlín hé Hánshānsì, jiēzhe qù Hángzhōu yóu Xīhú, hē Lóngjǐng, chī Xīhú cùyú, zuìhòu láidào Shànghǎi, yóulǎn le Nánjīnglù, Wàitān, hái cānguān le Lǔ Xùn gùjū hé Sūn Zhōngshān gùjū.

❸ A：Nǐmen zhè cì _____ zhī xíng zěnmeyàng?

B：Wǒmen zhè cì qù _____ lǔxíng, xiān dào _____

_____, ránhòu _____, jiēzhe _____

_____ zuìhòu _____.

（二）功能项目：谈参观景点（1）

❶ A：你觉得长城怎么样？

B：站在了望台上，远远看去，长城好像一条正在腾飞的长龙，弯弯曲曲，看不见尽头。长城两边，近处是红花绿树。远处是青山绿水，真好像一幅美丽的山水画，而我就是一个画中人。

❷ A：你觉得颐和园怎么样？

B：站在佛香阁上，昆明湖好像一面大镜子，湖水碧波荡漾，湖上的龙王庙和十七孔桥都看得清清楚楚。万寿山上，近处有亭台楼阁，远处有花草树木，真好像一幅美丽的山水画，我好像在画中一样。

❸ A：你觉得_____怎么样？

B：站在_____，_____好像_____。_____，近处_____，远处_____。

拼音 Pīnyīn

❶ A：Nǐ juéde Chángchéng zěnmeyàng?

B：Zhàn zài liáowàngtái shang, yuǎnyuǎn kànqù, Chángchéng hǎoxiàng yì tiáo zhèngzài téngfēi de cháng lóng, wānwān-qūqū, kàn bú jiàn jìntóu. Chángchéng liǎng biān, jìnchù shì hóng huā lǜ shù. Yuǎnchù shì qīng shān lǜ shuǐ, zhēn hǎoxiàng yì fú měilì de shānshuǐ huà, ér wǒ jiù shì yí ge huà zhōng rén.

❷ A：Nǐ juéde Yíhéyuán zěnmeyàng?

B：Zhàn zài Fóxiānggé shang, Kūnmínghú hǎoxiàng yí miàn dà jìngzi, húshuǐ bìbōdàngyàng, hú shang de Lóngwángmiào hé Shíqī Kǒng Qiáo dōu kànde qīngqīng-chuchu. Wànshòushān shang, jìnchù yǒu tíngtáilóugé, yuǎnchù yǒu huācǎoshùmù, zhēn hǎoxiàng yì fú měilì de shānshuǐ huà, wǒ hǎoxiàng zài huà zhōng yíyàng,

❸ A：Nǐ juéde_____zěnmeyàng?

B：Zhàn zài_____, _____hǎoxiàng _____, jìnchù _____, yuǎnchù_____.

（三）功能项目：谈参观景点（2）

❶ A：游览长城给你印象最深的是什么？

B：我站在长城上，抚摸着那一块块砖石，心中想得很多，也想得很远。中国人在两千多年前就创造出了这样伟大的奇迹，我相信，两千年以后的今天，他们的后代也一定能用双手创造出更伟大的奇迹。

② A：游览颐和园给你印象最深的是什么？

B：我站在万寿山上，看着美丽的湖光山色，心中想得很多，也想得很远。这里以前只是皇帝和他的家族游玩儿的地方，今天成为普通人休息和娱乐的场所，这是多么大的变化啊！

③ A：游览_____给你印象最深的是什么？

B：我站在_____，心中想得很多，也想得很远。_____。

拼音 Pīnyīn

① A：Yóulǎn Chángchéng gěi nǐ yìnxiàng zuì shēn de shì shénme?

B：Wǒ zhàn zài Chángchéng shang, fǔmō zhe nà yí kuàikuài zhuānshí, xīnzhōng xiǎngde hěn duō, yě xiǎngde hěn yuǎn. Zhōngguó rén zài liǎng qiān duō nián qián jiù chuàngzào chū le zhèyàng wěidà de qíjì, wǒ xiāngxìn, liǎng qiān nián yǐhòu de jīntiān, tāmen de hòudài yě yídìng néng yòng shuāngshǒu chuàngzào chū gèng wěidà de qíjì.

② A：Yóulǎn Yíhéyuán gěi nǐ yìnxiàng zuì shēn de shì shénme?

B：Wǒ zhàn zài Wànshòushān shang, kànzhe měilì de húguāng-shānsè, xīnzhōng xiǎngde hěn duō, yě xiǎngde hěn yuǎn. Zhèli yǐqián zhǐ shì huángdì hé tā de jiāzú yóuwánr de dìfang, jīntiān chéngwéi pǔtōng rén xiūxi hé yúlè de chǎngsuǒ, zhè shì duōme dà de biànhuà a!

③ A：Yóulǎn_____gěi nǐ yìnxiàng zuì shēn de shì shénme?

B：Wǒ zhàn zài＿＿＿＿＿＿＿＿＿＿＿＿＿，xīnzhōng xiǎngde hěn duō, yě xiǎngde hěn yuǎn.＿＿＿＿＿＿＿＿＿＿．

（四）功能项目：告别

1 A：张老师，我向您告别来了。

B：你什么时候动身？

A：后天上午10点。

B：时间过得多快呀，你们好像刚来不久似的。

A：是啊，我真舍不得离开。这次来中国学习，给我留下了美好的回忆。我既提高了汉语水平，又加深了对中国的了解，还结交了很多好朋友。

B：欢迎你以后有机会再来。

A：也欢迎老师有机会去美国，到我家做客。

B：谢谢，有机会我一定去。

2 A：小王，我向你告别来了。

B：你什么时候出发？

A：明天晚上6点。

B：时间过得多快呀，我去机场接你好像昨天一样。

A：是啊，我真舍不得离开。这次来天津学习，给我留下了非常好的印象。我刚来的时候一句汉语也不会说，现在能够跟中国朋友聊天儿了，我还结交了像你这样的好朋友。收获真的很大。

B：欢迎你有机会再来天津。

A：也欢迎你有机会去巴黎，我带你参观卢浮宫。

B：谢谢你，有机会我一定去。

3 A：＿＿＿＿＿＿＿＿，我向您告别来了。

B：你什么时候＿＿＿＿＿＿＿？

A：_____。

B：时间过得多快呀，_____。

A：是啊，我真舍不得离开。这次来_____学习，给我留下_____。我_____。

B：欢迎你有机会再来_____。

A：也欢迎你有机会去_____，_____。

B：谢谢你，有机会我一定去。

拼音 Pīnyīn

1 A: Zhāng Lǎoshī, wǒ xiàng nín gàobié lái le.

B: Nǐ shénme shíhou dòngshēn?

A: Hòutiān shàngwǔ shí diǎn.

B: Shíjiān guòde duō kuài ya, nǐmen hǎoxiàng gāng lái bùjiǔ sìde.

A: Shì a, wǒ zhēn shěbude líkāi. Zhè cì lái Zhōngguó xuéxí, gěi wǒ liúxià le měihǎo de huíyì. Wǒ jì tígāo le Hànyǔ shuǐpíng, yòu jiāshēn le duì Zhōngguó de liǎojiě, hái jiéjiāo le hěn duō hǎo péngyou.

B: Huānyíng nǐ yǐhòu yǒu jīhuì zài lái.

A: Yě huānyíng lǎoshī yǒu jīhuì qù Měiguó, dào wǒ jiā zuò kè.

B: Xièxie, yǒu jīhuì wǒ yídìng qù.

❷ A：Xiǎo Wáng, wǒ xiàng nín gàobié lái le.

B：Nǐ shénme shíhou chūfā?

A：Míngtiān wǎnshang liù diǎn.

B：Shíjiān guòde duō kuài ya, wǒ qù jīchǎng jiē nǐ hǎoxiàng zuótiān yíyàng.

A：Shì a, wǒ zhēn shěbude líkāi. Zhè cì lái Tiānjīn xuéxí, gěi wǒ liú xià le fēicháng hǎo de yìnxiàng. Wǒ gāng lái de shíhou yí jù Hànyǔ yě bú huì shuō, xiànzài nénggòu gēn Zhōngguó péngyou liáo tiānr le, wǒ hái jiéjiāo le xiàng nǐ zhèyàng de hǎo péngyou. Shōuhuò zhēnde hěn dà.

B：Huānyíng nǐ yǒu jīhuì zài lái Tiānjīn.

A：Yě huānyíng nǐ yǒu jīhuì qù Bālí, wǒ dài nǐ cānguān Lúfúgōng.

B：Xièxie nǐ, yǒu jīhuì wǒ yídìng qù.

❸ A：_____, wǒ xiàng nín gàobié lái le.

B：Nǐ shénme shíhou_____?

A：_____.

B：Shíjiān guòde duō kuài ya, _____.

A：Shì a, wǒ zhēn shěbude líkāi. Zhè cì lái_____xuéxí, gěi wǒ liúxià_____. Wǒ_____.

B：Huānyíng nǐ yǒu jīhuì zài lái_____.

A：Yě huānyíng nǐ yǒu jīhuì qù_____, _____.

B：Xièxie nǐ, yǒu jīhuì wǒ yídìng qù.

（五）功能项目：送行

❶ A：老师，您这么忙还来送我，真过意不去。

B：应该的。

A：半年来，您像亲人一样对我们照顾得非常周到，太感谢了。

B：我有时候对你们要求太严格了，态度也有些严厉。

A：哪里哪里。我们做您的学生非常幸运。

B：欢迎你有机会还到北京大学来。

A：一定，一定。老师请回吧，我该上车了。

B：祝你一路顺风。

② A：王才，你身体不好还来送我，太让我感动了。

B：应该的。

A：一年来，你像亲兄弟一样关心我照顾我，实在太感谢了。

B：有照顾不周的地方，还请你多多原谅。

A：哪里，哪里。能够跟你交朋友是我的福气。

B：欢迎你有机会再到北京外国语大学来。

A：一定，一定。你请回吧，我该办登机手续去了。

B：祝你一路平安。

③ A：_____，您_____还来送我，真_____。

B：应该的。

A：_____来，您像_____一样_____，太感谢了。

B：我_____，还请你多多原谅。

A：哪里哪里。_____。

B：欢迎你有机会还到_____来。

A：一定，一定。_____请回吧，我该上车了。

B：祝你_____。

拼音 Pīnyīn

① A：Lǎoshī, nín zhème máng hái lái sòng wǒ, zhēn guòyì bú qù.

B：Yīnggāi de.

A：Bànnián lái, nín xiàng qīnrén yíyàng duì wǒmen zhàogù de fēicháng zhōudào, tài gǎnxiè le.

B：Wǒ yǒu shíhou duì nǐmen yāoqiú tài yángé le, tàidù yě yǒuxiē yánlì.

A：Nǎli nǎli. Wǒmen zuò nín de xuésheng fēicháng xìngyùn.

B：Huānyíng nín yǒu jīhuì hái dào Běijīng Dàxué lái.

A：Yídìng, yídìng. Lǎoshī qǐng huí ba, wǒ gāi shàng chē le.

B：Zhù nǐ yí lù shùnfēng.

❷ A：Wáng Cái, nǐ shēntǐ bù hǎo hái lái sòng wǒ, tài ràng wǒ gǎndòng le.

B：Yīnggāi de.

A：Yì nián lái, nǐ xiàng qīn xiōngdì yíyàng guānxīn wǒ zhàogù wǒ, shízài tài gǎnxiè le.

B：Yǒu zhàogù bù zhōu de dìfang, hái qǐng nǐ duōduō yuánliàng.

A：Nǎli nǎli. Nénggòu gēn nǐ jiāo péngyou shì wǒ de fúqi.

B：Huānyíng nǐ yǒu jīhuì zài dào Běijīng Wàiguóyǔ Dàxué lái.

A：Yídìng, yídìng. Nǐ qǐng huí ba, wǒ gāi bàn dēngjī shǒuxù qù le.

B：Zhù nǐ yí lù píng'ān.

❸ A：_____, nǐn_____hái lái sòng wǒ, zhēn_____
_____.

B：Yīnggāi de.

A：_____ lái, nín xiàng_____yíyàng_____, tài gǎnxiè le.

B：Wǒ_____, hái qǐng nǐ duōduō yuánliàng.

A：Nǎli nǎli._____.

B：Huānyíng nǐ yǒu jīhuì hái dào_____lái.

A：Yídìng, yídìng.＿＿＿＿＿＿＿qǐng huí ba, wǒ gāi shàng chē le.

B：Zhù nǐ＿＿＿＿＿＿．

综合练习

（一）完成会话：艾米和丁兰谈话

丁兰：艾米，今天你们去哪儿了？

艾米：长城，今天我登上了长城，这是我多年的＿＿＿＿＿＿＿。

丁兰：你们是坐汽车去的吗？

艾米：是。汽车刚刚停下来，我就第一个＿＿＿＿＿＿＿。接着，又第一个＿＿＿＿＿＿＿，而第一个到达＿＿＿＿＿＿还是我。你去过长城吗？

丁兰：去过。站在了望台上，远远看去，长城好像＿＿＿＿＿＿＿。

艾米：是啊，长城两边，近处＿＿＿＿＿＿，远处＿＿＿＿＿＿＿＿＿＿＿，真好像＿＿＿＿＿＿，而我们就是＿＿＿＿＿＿＿＿＿。丁兰，长城真有一万里吗？

丁兰：长城全长＿＿＿＿＿＿＿，穿越＿＿＿＿＿＿＿。你知道长城是什么时候开始修建的吗？

艾米：听说是＿＿＿＿＿＿。

丁兰：不完全对。早在＿＿＿＿＿＿＿，中国人就开始修建长城了。秦始皇统一中国以后，用了＿＿＿＿＿＿，＿＿＿＿＿＿＿时间，把＿＿＿＿＿＿连接起来。

艾米：原来是这样。

Dīng Lán：Àimǐ, jīntiān nǐmen qù nǎr le?

Àimǐ：Chángchéng, jīntiān wǒ dēngshàng le Chángchéng, zhè shì wǒ duō nián de＿＿＿＿＿＿．

Dīng Lán: Nǐmen shì zuò qìchē qù de ma?

Àimǐ: Shì. Qìchē gānggāng tíng xiàlai, wǒ jiù dì yī ge_____
_____. Jiēzhe, yòu dì yī ge_____,
ér dì yī ge dàodá_____ háishì wǒ. Nǐ qùguo
Chángchéng ma?

Dīng Lán: Qùguo. Zhàn zài liáowàngtái shang, yuǎnyuǎn kàn qù,
Chángchéng hǎoxiàng_____.

Àimǐ: Shì a, Chángchéng liǎng biān, jìnchù_____,
yuǎnchù_____, zhēn hǎoxiàng_____
_____, ér wǒmen jiù shì_____. Dīng Lán,
Chángchéng zhēn yǒu yí wàn lǐ ma?

Dīng Lán: Chángchéng quán cháng_____, chuānyuè
_____. Nǐ zhīdao Chángchéng shì shénme
shíhou kāishǐ xiūjiàn de ma?

Àimǐ: Tīngshuō shì_____.

Dīng Lán: Bù wánquán duì. Zǎo zài_____, Zhōngguó rén
jiù kāishǐ xiūjiàn Chángchéng le. Qínshǐhuáng tǒngyī
Zhōngguó yǐhòu, yòng le_____, _____
_____ shíjiān, bǎ_____ liánjiē qǐlai.

Aimǐ: Yuánlái shì zhèyàng.

（二）完成会话：大内上子回国以前跟白华老师告别

大内：白老师，我明天就回国了，今天来_____。

白华：你明天几点的飞机？

大内：_____。

白华：那_____动身就行了。时间_____，
转眼你们就_____。

大内：是啊。我真舍不得_____。这次来_____学习，给我留下了美好的回忆。我既_____，又_____，还_____。我永远忘不了我的_____。

白华：欢迎你以后再_____。

大内：一定来。我想先在日本读完本科，后年来_____读教育学的_____，然后在日本教汉语。

白华：太好了，那我们就是同行了。

大内：白老师，欢迎您有机会_____，这是我的地址、电话和E-mail，去以前一定跟我联系，我请您_____。

白华：谢谢。

大内：我还要向我的几个好朋友告别，我该走了。老师，再见！

白华：再见！祝你_____。

Dànèi: Bái Lǎoshī, wǒ míngtiān jiù huí guó le, jīntiān lái_____.

Bái Huá: Nǐ míngtiān jǐ diǎn de fēijī?

Dànèi: _____.

Bái Huá: Nà_____dòngshēn jiù xíng le. Shíjiān_____, zhuǎnyǎn nǐmen jiù_____.

Dànèi: Shì a. Wǒ zhēn shěbude_____. Zhè cì lái_____xuéxí, gěi wǒ liúxia le měihǎo de huíyì. Wǒ jì_____, yòu_____, hái_____. Wǒ yǒngyuǎn wàng bu liǎo wǒ de_____.

Bái Huá: Huānyíng nǐ yǐhòu zài_____.

Dànèi: Yídìng lái. Wǒ xiǎng xiān zài Rìběn dúwán běnkē, hòunián

lái＿＿＿＿＿＿ dú jiàojùxué de＿＿＿＿＿＿，
ránhòu zài Rìběn jiāo Hànyǔ.

Bái Huá：Tài hǎo le, nà wǒmen jiù shì tóngháng le.

Dànèi：Bái Lǎoshī, huānyíng nín yǒu jīhuì＿＿＿＿＿＿, zhè shì wǒ de dìzhǐ、diànhuà hé E-mail, qù yǐqián yídìng gēn wǒ liánxì, wǒ qǐng nín＿＿＿＿＿＿.

Bái Huá：Xièxie.

Dànèi：Wǒ hái yào xiàng wǒ de jǐ ge hǎo péngyou gàobié, wǒ gāi zǒu le. Lǎoshī, zàijiàn!

Bái Huá：Zàijiàn! Zhù nǐ＿＿＿＿＿＿.

 课后练习

（一）课文：《结业会上院长讲话》

老师们、同学们：

　　晚上好！

　　我代表学院领导讲四句话。

　　第一句叫祝贺。祝贺同学们经过20周的学习，汉语水平有了很大提高，马上就要拿到结业证书；也祝贺我们的老师们顺利地完成了这个学期的教学任务。

　　第二句叫感谢。感谢同学们来我们学院学习，你们学习非常努力，非常认真，特别是前些天，气温达到三十七八度，大家还坚持学习，使我们很感动。我还要感谢我们的全体老师，他们努力工作，认真上课，在他们的帮助下，同学们取得了很大的进步。

　　第三句叫欢送。学习结束以后，有的同学要回国，有的同学要在中国旅游，有的老师也要回家探亲或是去旅游，祝大家一路顺风，旅途愉快！

第四句叫欢迎。欢迎同学们有机会再来中国，再来北京，再来我们的大学，再来我们的学院学习汉语。我们热烈地欢迎你们！

这四句话就是祝贺，感谢，欢送，欢迎。谢谢大家。

（二）回答问题

1. 院长讲了几句话？
2. 第一句是什么？
3. 第二句是什么？
4. 第三句是什么？
5. 第四句是什么？

拼音

（一）kè wén: *Jié yè huì shàng yuàn zhǎng jiǎng huà*

Lǎoshīmen、tóngxuémen：

Wǎnshang hǎo!

Wǒ dàibiǎo xuéyuàn lǐngdǎo jiǎng sì jù huà.

Dì-yī jù jiào zhùhè. Zhùhè tóngxuémen jīngguò èr shí zhōu de xuéxí, Hànyǔ shuǐpíng yǒule hěn dà tígāo, mǎshàng jiù yào nádào jiéyè zhèngshū; yě zhùhè wǒmen de lǎoshīmen shùnlì de wánchéng le zhè ge xuéqī de jiàoxué rènwù.

Dì-èr jù jiào gǎnxiè. Gǎnxiè tóngxuémen lái wǒmen xuéyuàn xuéxí. Nǐmen xuéxí fēicháng nǔlì, fēicháng rènzhēn, tèbié shì qián xiē tiān, qìwēn dádào sānshí qī-bā dù, dàjiā hái jiānchí xuéxí, shǐ wǒmen hěn gǎndòng. Wǒ hái yào gǎnxiè wǒmen de quántǐ lǎoshī, tāmen nǔlì gōngzuò, rènzhēn shàng kè, zài tāmen de bāngzhù xià, tóngxuémen qǔdé le hěn dà de jìnbù.

Dì-sān jù jiào huānsòng. Xuéxí jiéshù yǐhòu, yǒude tóngxué yào huí guó, yǒude tóngxué yào zài Zhōngguó lǚyóu, yǒude lǎoshī yě yào huí jiā tàn qīn huò shì qù lǚyóu, zhù dàjiā yí lù shùnfēng, lǚtú yúkuài!

　　Dì-sì jù jiào huānyíng. Huānyíng tóngxuémen yǒu jīhuì zài lái Zhōngguó, zài lái Běijīng, zài lái wǒmen de dàxué, zài lái wǒmen de xuéyuàn xuéxí Hànyǔ. Wǒmen rèliè de huānyíng nǐmen!

　　Zhè sì jù huà jiù shì zhùhè, gǎnxiè, huānsòng, huānyíng. Xièxie dàjiā.

（二）huídá wèntí

　　1. Yuànzhǎng jiǎngle jǐ jù huà?
　　2. Dì-yī jù shì shénme?
　　3. Dì-èr jù shì shénme?
　　4. Dì-sān jù shì shénme?
　　5. Dì-sì jù shì shénme?

词汇总表

A
按摩	（动）	ànmó	4-7
白菜	（名）	báicài	4-5

B
辈子	（名）	bèizi	4-3
鼻梁	（名）	bíliáng	4-8
碧波荡漾		bìbōdàngyàng	4-10
避暑		bì shǔ	4-2
博客	（名）	bókè	4-9
薄	（形）	báo	4-7
薄饼	（名）	báobǐng	4-4
不利	（形）	búlì	4-3

C
成为	（动）	chéngwéi	4-1
乘	（动）	chéng	4-6
除名		chú míng	4-3
床单	（名）	chuángdān	4-5
刺激	（动）	cìjī	4-9
葱	（名）	cōng	4-2
醋	（名）	cù	4-2
寸	（量）	cùn	4-5

D
当天	（名）	dàngtiān	4-10
倒（车）		dǎo(chē)	4-6

144

	登机		dēng jī	4-10
	丁字路口		dīngzì lùkǒu	4-6
	动画片	(名)	dònghuàpiàn	4-3
	锻炼	(动)	duànliàn	4-5

F	发乳	(名)	fàrǔ	4-7
	发型	(名)	fàxíng	4-7
	福气	(名)	fúqi	4-10
	附件	(名)	fùjiàn	4-9

G	告别	(动)	gào bié	4-10
	宫保鸡丁		gōngbǎojīdīng	4-4
	鼓掌		gǔ zhǎng	4-5
	顾客	(名)	gùkè	4-1
	光	(副)	guāng	4-4
	规定	(动、名)	guīdìng	4-3

H	海鲜	(名)	hǎixiān	4-10
	合	(动)	hé	4-2
	红绿灯	(名)	hónglǜdēng	4-6
	厚	(形)	hòu	4-7
	忽然	(副)	hūrán	4-1
	壶	(名)	hú	4-4
	湖光山色	(名)	húguāngshānsè	4-10
	皇帝	(名)	huángdì	4-10
	黄瓜	(名)	huángguā	4-4
	回复	(动)	huífù	4-9

J

技术	（名）	jìshù	4-7
加油		jiā yóu	4-5
夹克衫	（名）	jiákèshān	4-1
佳能		Jiānéng	4-1
家族	（名）	jiāzú	4-10
剪	（动）	jiǎn	4-7
经历	（动、名）	jīnglì	4-2
精神	（名、形）	jīngshen	4-7
镜子	（名）	jìngzi	4-10
酒窝	（名）	jiǔwō	4-8
焗油		jú yóu	4-7
菊花茶	（名）	júhuāchá	4-4
剧院	（名）	jùyuàn	4-6
卷	（动）	juǎn	4-4

K

口味	（名）	kǒuwèi	4-2
宽带	（名）	kuāndài	4-9
旷课		kuàng kè	4-3
魁梧	（形）	kuíwú	4-8

L

劳驾		láojià	4-6
理发		lǐ fà	4-7
联系	（动、名）	liánxì	4-10
流行	（动、形）	liúxíng	4-1
留步	（动）	liúbù	4-5
龙井茶	（名）	lóngjǐngchá	4-2
旅馆	（名）	lǚguǎn	4-6

M

买单	(动)	mǎidān	4-4
眉毛	(名)	méimao	4-8
棉被	(名)	miánbèi	4-5
苗条	(形)	miáotiáo	4-8
抹	(动)	mǒ	4-7

N

内存	(名)	nèicún	4-1
难为	(动)	nánwéi	4-3
牛仔裤	(名)	niúzǎikù	4-1
浓	(形)	nóng	4-8

P

| 排队 | | pái duì | 4-5 |
| 皮肤 | (名) | pífū | 4-8 |

Q

旗袍	(名)	qípáo	4-1
芹菜	(名)	qíncài	4-2
取消	(动)	qǔxiāo	4-3

R

| 让 | (动) | ràng | 4-3 |

S

删除	(动)	shānchú	4-9
商场	(名)	shāngchǎng	4-6
上瘾		shàng yǐn	4-9
烧烤	(名)	shāokǎo	4-4
舍不得	(动)	shěbude	4-10
摄像头	(名)	shèxiàngtóu	4-9
身材	(名)	shēncái	4-8

	市政	（名）	shìzhèng	4-6
	视力	（名）	shìlì	4-3
	视频	（名）	shìpín	4-9
	手艺	（名）	shǒuyì	4-7
	数码相机		shùmǎ xiàngjī	4-1
	搜索	（动）	sōusuǒ	4-9
T	烫	（形、动）	tàng	4-7
	甜面酱	（名）	tiánmiànjiàng	4-4
	亭台楼阁	（名）	tíngtáilóugé	4-10
W	违反	（动）	wéifǎn	4-3
	稳定	（形）	wěndìng	4-1
	无数	（形）	wúshù	4-2
X	细	（形）	xì	4-8
	馅儿	（名）	xiànr	4-5
	相貌	（名）	xiàngmào	4-8
	小儿科	（名）	xiǎo'érkē	4-9
	小伙子	（名）	xiǎohuǒzi	4-8
	新居	（名）	xīnjū	4-5
	型号	（名）	xínghào	4-1
	幸运	（形）	xìngyùn	4-1
Y	严厉	（形）	yánlì	4-10
	样式	（名）	yàngshì	4-1
	遥控器	（名）	yáokòngqì	4-5
	液晶	（名）	yèjīng	4-5

一卡通	（名）	yìkǎtōng	4-6
邮箱	（名）	yóuxiāng	4-9
油	（名）	yóu	4-2
友好	（形）	yǒuhǎo	4-6
鱼香肉丝		yúxiāngròusī	4-4
娱乐	（动）	yúlè	4-10
玉米	（名）	yùmǐ	4-4

Z

在线		zàixiàn	4-9
蘸	（动）	zhàn	4-4
支	（量）	zhī	4-3
植物	（名）	zhíwù	4-2
植物园	（名）	zhíwùyuán	4-2
猪肉	（名）	zhūròu	4-5
资格	（名）	zīgé	4-3
嘴唇	（名）	zuǐchún	4-8